Christina Röhl

Nachhaltigkeitsranking der DAX-Konzerne

im Rahmen der strategischen Unternehmenskommunikation

Diplomica® Verlag GmbH

Röhl, Christina: Nachhaltigkeitsranking der DAX-Konzerne: im Rahmen der strategischen Unternehmenskommunikation. Hamburg, Diplomica Verlag GmbH 2012

ISBN: 978-3-8428-8686-5
Druck: Diplomica® Verlag GmbH, Hamburg, 2012

Bibliografische Information der Deutschen Nationalbibliothek:
Die Deutsche Nationalbibliothek verzeichnet diese Publikation in der Deutschen Nationalbibliografie; detaillierte bibliografische Daten sind im Internet über http://dnb.d-nb.de abrufbar.

Die digitale Ausgabe (eBook-Ausgabe) dieses Titels trägt die ISBN 978-3-8428-3686-0 und kann über den Handel oder den Verlag bezogen werden.

Dieses Werk ist urheberrechtlich geschützt. Die dadurch begründeten Rechte, insbesondere die der Übersetzung, des Nachdrucks, des Vortrags, der Entnahme von Abbildungen und Tabellen, der Funksendung, der Mikroverfilmung oder der Vervielfältigung auf anderen Wegen und der Speicherung in Datenverarbeitungsanlagen, bleiben, auch bei nur auszugsweiser Verwertung, vorbehalten. Eine Vervielfältigung dieses Werkes oder von Teilen dieses Werkes ist auch im Einzelfall nur in den Grenzen der gesetzlichen Bestimmungen des Urheberrechtsgesetzes der Bundesrepublik Deutschland in der jeweils geltenden Fassung zulässig. Sie ist grundsätzlich vergütungspflichtig. Zuwiderhandlungen unterliegen den Strafbestimmungen des Urheberrechtes.

Die Wiedergabe von Gebrauchsnamen, Handelsnamen, Warenbezeichnungen usw. in diesem Werk berechtigt auch ohne besondere Kennzeichnung nicht zu der Annahme, dass solche Namen im Sinne der Warenzeichen- und Markenschutz-Gesetzgebung als frei zu betrachten wären und daher von jedermann benutzt werden dürften.

Die Informationen in diesem Werk wurden mit Sorgfalt erarbeitet. Dennoch können Fehler nicht vollständig ausgeschlossen werden, und der Diplomica Verlag, die Autoren oder Übersetzer übernehmen keine juristische Verantwortung oder irgendeine Haftung für evtl. verbliebene fehlerhafte Angaben und deren Folgen.

© Diplomica Verlag GmbH
http://www.diplomica-verlag.de, Hamburg 2012
Printed in Germany

Für meinen Ehemann

Inhaltsverzeichnis

Abbildungsverzeichnis   11

Tabellenverzeichnis   12

Abkürzungsverzeichnis   13

1. Einleitung   15
1.1 Einführung und Zielsetzung   15
1.2 Vorgehensweise   16

2. Theoretischer Rahmen   19
2.1 Nachhaltigkeit   19
2.2 Ranking   19
2.3 Unternehmenskommunikation   20
2.4 DAX   21

3. Nachhaltigkeit   23
3.1 Entstehung und Entwicklung   23
3.1.1 Club of Rome   23
3.1.2 Brundtland   23
3.1.3 Weltgipfel Rio   24
3.1.4 Weltgipfel Johannesburg   24
3.1.5 Deutsche Nachhaltigkeitsstrategie   25
3.1.6 Europäische Nachhaltigkeitsstrategie   26
3.2 Dimensionen   27
3.2.1 Ökologisch   27
3.2.2 Sozial   27
3.2.3 Ökonomisch   28
3.3 Nachhaltigkeitsregeln   28

4. Nachhaltigkeit als Teil der Unternehmenskommunikation   31
4.1 Ökologische Kommunikation   31
4.2 Soziale Kommunikation   32
4.3 Ökonomische Kommunikation   33

5.	**Nachhaltigkeitskommunikation in der Praxis**	**35**
5.1	Nachhaltigkeitsberichte	35
5.1.1	*Zielgruppen von Nachhaltigkeitsberichten*	*35*
5.1.2	*Grundsätze der Nachhaltigkeitsberichterstattung*	*35*
5.1.3	*Elemente eines Nachhaltigkeitsberichts nach GRI*	*36*
	5.1.3.1 Unternehmensprofil	37
	5.1.3.2 Managementansatz	37
	5.1.3.3 Leistungsindikatoren	38
5.2	Stakeholder-Dialoge	39
5.3	Internetbasierte Nachhaltigkeitskommunikation	39
6.	**Ranking: Nachhaltigkeitsberichte der DAX 30 Unternehmen**	**41**
6.1	Ziele des Rankings	41
6.2	Bewertungsgrundlage	42
6.3	Methodik der Bewertung	42
6.3.1	*Struktur der Kriterien*	*42*
6.3.2	*Bewertung der Kriterien*	*45*
6.4	Auswahl der Einzelkriterien	46
6.4.1	*Allgemeine Anforderungen*	*46*
	6.4.1.1 Kennzahlen	46
	6.4.1.2 Unternehmensbereiche	46
	6.4.1.3 Nachhaltigkeitsstrategie	47
	6.4.1.4 Zielvereinbarungen	48
	6.4.1.5 Stakeholder-Management	49
	6.4.1.6 GRI – Global Reporting Initiative	50
6.4.2	*Soziale Anforderungen*	*51*
	6.4.2.1 Aus- und Weiterbildung	51
	6.4.2.2 Vergütungssysteme	52
	6.4.2.3 Arbeits- und Gesundheitsschutz	53
	6.4.2.4 Mitarbeiterzufriedenheit	54
	6.4.2.5 Chancengleichheit	55
	6.4.2.6 Soziale Verantwortung in der Lieferkette	56
6.4.3	*Ökologische Anforderungen*	*57*
	6.4.3.1 Umwelt- und Klimaschutz	57
	6.4.3.2 Energieeffizienz	58
	6.4.3.3 Abfallmanagement	59
	6.4.3.4 Wasserverbrauch und Abwassermenge	60
	6.4.3.5 Papierverbrauch	61

		6.4.3.6	Ökologische Verantwortung in der Lieferkette	62
6.4.4	*Gesellschaftliche Anforderungen*			*63*
		6.4.4.1	Corporate Giving	63
		6.4.4.2	Social Sponsoring	64
		6.4.4.3	Corporate Volunteering	65
6.4.5	*Qualitative Anforderungen*			*66*
		6.4.5.1	Glaubwürdigkeit	66
		6.4.5.2	Anschaulichkeit	67
		6.4.5.3	Klicks	68
		6.4.5.4	Verlinkungen	68
		6.4.5.5	Glossar	69
6.5	Auswertung			70
6.5.1	*Auswertung des Gesamt-Rankings*			*70*
6.5.2	*Auswertung der Hauptkategorien*			*73*
		6.5.2.1	Auswertung der allgemeinen Anforderungen	73
		6.5.2.2	Auswertung der sozialen Anforderungen	74
		6.5.2.3	Auswertung der ökologischen Anforderungen	76
		6.5.2.4	Auswertung der gesellschaftlichen Anforderungen	77
		6.5.2.5	Auswertung der qualitativen Anforderungen	79
6.5.3	*Einzelauswertung der Platzierungen 1 bis 3*			*80*
		6.5.3.1	Daimler AG	80
		6.5.3.2	BMW AG	81
		6.5.3.3	Bayer AG	82
6.5.4	*Einzelauswertungen der Platzierungen 25 bis 27*			*83*
		6.5.4.1	Metro AG	83
		6.5.4.2	Henkel AG & Co. KGaA	84
		6.5.4.3	adidas AG	84

7. Zusammenfassung — **87**

Literaturverzeichnis — **89**

Abbildungsverzeichnis

Abbildung 1:	Assoziationswolke „Nachhaltigkeit"	15
Abbildung 2:	Vorgehensweise	17
Abbildung 3:	Indikatoren der deutschen Nachhaltigkeitsstrategie	26
Abbildung 4:	Nachhaltigkeitsregeln	29
Abbildung 5:	Hauptkriterien der SA 8000	33
Abbildung 6:	Gesamtpunktzahl und Hauptkategorien	71
Abbildung 7:	Erfüllungsgrad allgemeine Anforderungen	73
Abbildung 8:	Erfüllungsgrad soziale Anforderungen	75
Abbildung 9:	Erfüllungsgrad ökologische Anforderungen	76
Abbildung 10:	Erfüllungsgrad gesellschaftliche Anforderungen	78
Abbildung 11:	Erfüllungsgrad qualitative Anforderungen	79

Tabellenverzeichnis

Tabelle 1:   Unternehmen des DAX 22

Tabelle 2:   Zielvereinbarungen Weltgipfel 1992 25

Tabelle 3:   Wertungsdisziplinen des Rankings 44

Tabelle 4:   Ranking-Gesamtergebnis und Einzelwertungen 70

Abkürzungsverzeichnis

bzw.	beziehungsweise
CERES	Coalition of Environmentally Responsible Economics
CO_2	Kohlendioxid
CSR	Corporate Social Responsibility
DAX	Deutscher Aktienindex
d. h.	das heißt
EMAS	Eco-Management an Audit Scheme
e. V.	eingetragener Verein
evtl.	eventuell
ggf.	gegebenenfalls
GRI	Global Reporting Initiative
ILO	International Labour Organization
IT	Informationstechnologie
o. g.	oben genannt
PDF	Portable Document Format
SA	Social Accountability
SAI	Social Accountability International
u. a.	unter anderem
UN	United Nations
UNCED	United Nations Conference on Environment and Development
UNEP	United Nations Environment Programme
URL	Uniform Resource Locator
WWW	World Wide Web

1. Einleitung

1.1 Einführung und Zielsetzung

Sind Unternehmen nachhaltig, weil sie Gewinn erwirtschaften, weil sie eine hohe Frauenquote haben, weil sie umweltfreundliche IT einsetzen, weil sie Tariflohn zahlen oder weil sie regenerative Energien nutzen? Oder noch zugespitzter: Was ist eigentlich nachhaltig? Kann ein Unternehmen wirklich nachhaltig sein?

Nachhaltigkeit – ein Begriff mit unzähligen Synonymen und verschiedenen vom Betrachter abhängigen Assoziationen und Interpretationen. Zum Einstieg in die Studie soll die nachstehende Abbildung zunächst verdeutlichen, welcher Facettenreichtum sich hinter Nachhaltigkeit verbirgt.

Engagement	Lebensqualität	Energieeffizienz	Gesellschaft
Arbeitssicherheit	Wasserqualität	Klimaschutz	Gewinn
Menschenrechte	Ethik	Umweltschutz	Moral
Compliance	CO_2 Ressourceneffizienz	Verantwortung	Kultur
Gesundheit	Verantwortung	Wertschätzung	Gesundheit

Abbildung 1: Assoziationswolke „Nachhaltigkeit" (eigene Darstellung)

Grundsätzlich bezeichnet Nachhaltigkeit das Prinzip, nach dem nicht mehr verbraucht werden darf als jeweils nachwachsen, sich regenerieren und künftig wieder bereitgestellt werden kann.[1] Ein Unternehmen kann also nur bedingt nachhaltig sein, denn aus irgendeiner Perspektive sind in nahezu jedem Unternehmen Widersprüche zu strengen Nachhaltigkeitskriterien zu finden. Im Folgenden dieser Studie wird deshalb die Annahme getroffen, dass ein Unternehmen nachhaltig sein kann.

Aufgrund der Fülle von Mitteilungen zur Nachhaltigkeit in den Medien ist es für sämtliche Interessensgruppen eines Unternehmens schwierig, die wesentlichen Informationen von den weniger relevanten Daten zu differenzieren. Demzufolge

---

[1] Vgl. http://www.duden.de/rechtschreibung/Nachhaltigkeit, Abruf am 26.10.2011.

liegen der folgenden Studie zwei Ziele zu Grunde. Zum Ersten soll der Leser ein Gesamtverständnis für die Entstehung und die verschiedenen Aspekte des Nachhaltigkeitsgedanken erlangen. Zum Zweiten soll der Leser erkennen, wie die größten deutschen Unternehmen Nachhaltigkeit interpretieren und im Rahmen der strategischen Unternehmenskommunikation einsetzen. Zu diesem Zweck werden die von den Mitgliedern des DAX vorgelegten Nachhaltigkeitsberichte über ein qualitatives Ranking miteinander verglichen.

1.2 Vorgehensweise

Diese Studie gliedert sich in einen theoretischen und einen empirischen Teil. Die Vorgehensweise und exakte Einordnung der einzelnen Kapitel ist in Abbildung 2 grafisch dargestellt.

Um einen systematischen Ablauf der Studie gewährleisten zu können, empfiehlt sich zunächst eine Erörterung der theoretischen Grundlagen, die im nachfolgenden Kapitel zwei vorgenommen wird.

Der dritte Teil der Studie betrachtet die Entwicklung der Nachhaltigkeit im Allgemeinen sowie im Besonderen die Dimensionen und die Regeln der Nachhaltigkeitsthematik. Diese Ausführungen zum theoretischen Rahmen sind erforderlich, um im vierten Kapitel dieser Studie explizit auf die Nachhaltigkeitsberichterstattung als Teil der Unternehmenskommunikation einzugehen. An dieser Stelle werden die verschiedenen Ebenen der Nachhaltigkeitskommunikation untersucht, im Speziellen die Einzelberichte der Unternehmen zu sozialen, ökologischen und ökonomischen Aspekten.

Anschließend wird mit Ausführungen zur praxisorientierten Nachhaltigkeitskommunikation der fünfte Bereich der Studie eingeleitet. Hier wird neben den Erläuterungen zu Stakeholder-Dialogen und internetbasierter Nachhaltigkeitskommunikation vor allem detailliert auf Nachhaltigkeitsberichte eingegangen.

Aufbauend auf diesen theoretischen Erkenntnissen bildet das sechste Kapitel den Schwerpunkt der Studie. Zunächst erfolgt eine systematische Erläuterung der Ranking-Ziele sowie der Bewertungsgrundlagen. Anschließend werden die gewählten Berichtskriterien charakterisiert und entsprechende Anforderungskataloge aufgestellt.

Zuletzt werden im Kapitel sieben die Feststellungen der vorliegenden Studie zusammengefasst und es werden neben einem generellen Ausblick Handlungsempfehlungen für Unternehmen im Hinblick auf eine transparente Nachhaltigkeitskommunikation für Unternehmen gegeben.

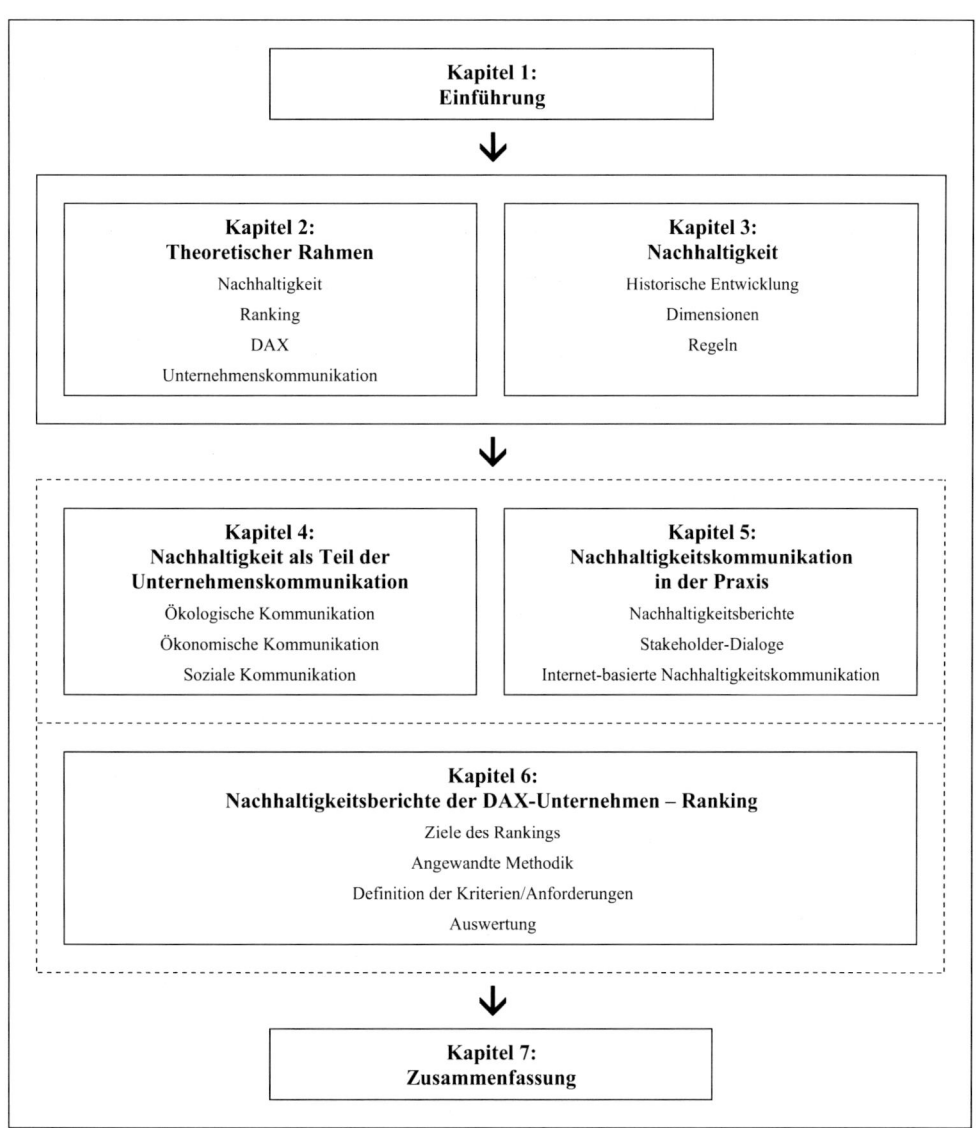

Abbildung 2: Vorgehensweise (eigene Darstellung)

2. Theoretischer Rahmen

2.1 Nachhaltigkeit

Nachhaltigkeit hat sich zu einem Modebegriff des 21. Jahrhunderts entwickelt, der nahezu jeden Lebensbereich erfasst: Vom Beruf über Kleidung und Lebensmittel bis hin zu Reisen – alles hat nachhaltige Aspekte, die von Unternehmen und Politikern auch entsprechend hervorgehoben werden.[2]

Dennoch existiert bis heute keine allgemeingültige Definition des Begriffs, was sich auch in den Ergebnissen entsprechender Umfragen niederschlägt. Beispielsweise führte die Verbraucher Initiative zu Beginn des Jahres 2011 ein Konsumenten-Panel zum Thema Nachhaltigkeit durch, dessen Ergebnisse den Schluss nahelegen, dass bei den Bundesbürger nach wie vor ein Informationsdefizit besteht: Von 1.000 Befragten gaben lediglich 33 Prozent an, eine klare Vorstellung vom Begriff und der Bedeutung der Nachhaltigkeit zu haben.[3]

Die in Abschnitt 3.1 erläuterte historische Entwicklung der Begriffsbelegung soll deshalb ein allgemeines Verständnis schaffen. Dabei wird grundsätzlich vorausgesetzt, dass eine nachhaltige Entwicklung dadurch charakterisiert ist, dass bei der Verbesserung des Lebensstands heutiger Generationen keinesfalls die Lebenssituationen künftiger Generationen gefährdet werden. Darunter ist neben dem Erhalt der ökologischen Ressourcen auch die Bewahrung der sozialen und wirtschaftlichen Werte einer Gesellschaft zu verstehen.[4]

2.2 Ranking

Häufig wird der Begriff Ranking im allgemeinen Sprachgebrauch als Synonym für Rating benutzt. Rating und Ranking weisen jedoch erhebliche Unterschiede auf und sind deshalb an dieser Stelle voneinander abzugrenzen.[5]

---

[2] Vgl. Hardtke, A., Prehn, M. (2001) S. 61.
[3] Vgl. http://www.verbraucher.org/pdf/295.pdf, Abruf am 26.10.2011.
[4] Vgl. Grunwald, A., Kopfmüller, J. (2006) S. 7.
[5] Vgl. Doleschal, M. (2007) S. 14.

Während ein Rating in der Regel absoluten Charakter hat und auch singuläre Ableitungen erlaubt, läuft ein Ranking grundsätzlich auf einen quantitativen Vergleich zwischen den Elementen einer Stichprobe hinaus. Dafür werden die zu untersuchenden Objekte anhand bestimmter definierter Kennzahlen nach einem Punkteschema bewertet, das durch die Gewichtung und Addition der einzelnen Wertungspunkte zu einer Rangfolge führt.[6] Eine solche Rangordnung gibt demnach an, wie sich das Verhältnis zwischen dem untersuchten Objekt und dem Bewertungsobjekt der Wettbewerber entwickelt.[7]

2.3 Unternehmenskommunikation

Die Reputation stellt eines der wichtigsten Elemente des immateriellen Vermögens eines Unternehmens dar.[8] Dabei resultiert die Reputation nicht nur aus der Qualität der angebotenen Produkte und Dienstleistungen, sondern auch aus der Art und Weise, wie das Unternehmen sich und seine Merkmale kommuniziert.

Unter Unternehmenskommunikation wird generell der strategisch geplante Informationsaustausch mit internen und externen Adressaten verstanden. Während zu den internen Zielgruppen vor allem die Mitarbeiter und das Management eines Unternehmens zählen, sind im externen Bereich alle Stakeholder wie Kunden und Lieferanten sowie die Gesellschaft und ihre Institutionen einzuordnen.[9]

Da Unternehmenskommunikation ein Bestandteil vieler Wirtschaftsdisziplinen wie u. a. Wirtschafts- und Kommunikationswissenschaften, Organisationspsychologie und Soziologie ist , bietet die Literatur dementsprechend viele verschiedene Definitionsansätze[10] – von denen in der Folge zwei sich durch komplementäre Perspektiven ergänzende genannt seien:

Aus Marketing-Sicht definiert Bruhn: „Kommunikation bedeutet die Übermittlung von Informationen und Bedeutungsinhalten zum Zweck der Steuerung von Meinun-

---

[6] Vgl. Lanfermann, B. (1998) S. 7.
[7] Vgl. Doleschal, M. (2007) S. 14.
[8] Vgl. Seemann, R. (2008) S. 82.
[9] Vgl. Preusse, J., Röttger, U., Schmitt, J. (2011) S. 26.
[10] Vgl. Mast, C. (2006) S. 10.

gen, Einstellungen, Erwartungen und Verhaltensweisen bestimmter Adressaten gemäß spezifischer Zielsetzungen."[11]

Eine etwas spezifischere Definition liefert Zerfass, der mit Unternehmenskommunikation „alle kommunikativen Handlungen von Organisationsmitgliedern, mit denen ein Beitrag zur Aufgabendefinition und -erfüllung in gewinnorientierten Wirtschaftseinheiten geleistet wird" bezeichnet.[12]

2.4 DAX

Der Deutsche Aktienindex (DAX) wurde erstmalig am 1. Juli 1988 von der Frankfurter Wertpapierbörse veröffentlicht und gilt seither als Leitbarometer für den deutschen Aktienmarkt.[13] Der Index beinhaltet die 30 größten börsennotierten Unternehmen Deutschlands, gemessen am Börsenumsatz und der handelbaren Marktkapitalisierung (Free Float Value).[14]

Jeweils im September eines Jahres wird die Zusammenstellung des DAX-Portfolios verifiziert und ggf. abgeändert. Überdies ist eine vierteljährliche Anpassung des Portfolios möglich – sollte ein im DAX gelistetes Unternehmen bei Marktkapitalisierung bzw. Börsenumsatz nicht mehr zu den 45 größten Unternehmen zählen (Fast Exit) oder eine zuvor nicht gelistete Gesellschaft aus dem Stand zu den 25 größten Unternehmen gehören (First Entry), kommt es zu einem Austausch.[15]

---

[11] Vgl. Bruhn, M. (2005) S. 661.
[12] Vgl. Zerfaß, A. (2004) S. 287.
[13] Vgl. Geyer, C., Uttner, V. (2007) S. 148.
[14] Vgl. http://daxindices.com/DE/MediaLibrary/Document/FS%20DAX%20Deutsch%2006_2010.pdf, Abruf am 26.10.2011.
[15] Vgl. Geyer, C., Uttner, V. (2007) S. 149.

Die 30 Unternehmen des DAX		
Adidas AG	Deutsche Lufthansa AG	Linde AG
Allianz SE	Deutsche Post AG	MAN SE
BASF SE	Deutsche Telekom AG	Merck KGaA
Bayer AG	E.ON AG	Metro AG
Beiersdorf AG	Fresenius Medical Care AG & Co. KGaA	Münchener Rückversicherungs-Ges. AG
BMW AG	Fresenius SE & Co. KGaA	RWE AG
Commerzbank AG	HeidelbergCement AG	SAP AG
Daimler AG	Henkel AG & Co. KGaA	Siemens AG
Deutsche Bank AG	Infineon Technologies AG	ThyssenKrupp AG
Deutsche Börse AG	K+S AG	Volkswagen AG

Tabelle 1: Unternehmen des DAX (in Anlehnung an http://www.finanzen.net/index/DAX/30-Werte, Abruf am 25.10.2011)

3. Nachhaltigkeit

3.1 Entstehung und Entwicklung

Der Begriff Nachhaltigkeit findet seinen Ursprung in der Forstwirtschaft. In der zu Beginn des 18. Jahrhunderts vom sächsischen Oberhauptmann von Carlowitz verfassten „Sylvicultura Oeconomica" wird erstmals eine „continuierliche, beständige und nachhaltende Nutzung" des Waldes gefordert.[16] Nach Carlowitz' Auffassung sollten in einem Jahr nicht mehr Bäume gefällt werden als neue nachwachsen. Durch die Kombination von ökonomischen und ökologischen Aspekten wurde seine Schrift zum Vorbild zukünftiger Nachhaltigkeitsgedanken.[17]

3.1.1 Club of Rome

Mit dem im Jahr 1972 vom Club of Rome veröffentlichten, auf einer Studie des Forresters Institut für Systemdynamik basierenden Bericht „Grenzen des Wachstums" veränderte sich das Nachhaltigkeitsverständnis weltweit. Die Studie wurde mit Hilfe der Computer-Simulation „World3" erstellt, die der Veranschaulichung der Entwicklung der Weltbevölkerung und ihrer Ressourcen bis ins Jahr 2100 diente.[18]

Trotz Kritik an den Berechnungen der Studie wurde der Kerngedanke, dass die Leistungs- und Belastungsfähigkeit der natürlichen und sozialen Ressourcen einer Endlichkeit unterliegen, global aufgenommen.[19]

3.1.2 Brundtland

Im Jahr 1983 begann die Brundtland-Kommission (UN-Kommission für Umwelt und Entwicklung) mit der Erarbeitung eines Konzeptes für eine dauerhaft nachhaltige Entwicklung.[20] Der als Brundtland-Bericht bekanntgewordene Abschlussbericht „Our Common Future" wurde im April 1987 veröffentlicht. Die von der UN-

---

[16] Carlowitz, v. C. (1713) S. 105.
[17] Vgl. Grunwald, A., Kopfmüller, J. (2006), S. 14.
[18] Vgl. Blätte, A., Herz, D. (2000) S. 183.
[19] Vgl. Grunwald, A., Kopfmüller, J. (2006) S. 20.
[20] Vgl. Hardtke, A., Kleinfeld, A. (2010) S. 29.

Kommission erfasste Definition zur nachhaltigen Entwicklung gilt bis heute als globales Entwicklungsleitbild:[21]

„Sustainable development is development that meets the needs of the present without compromising the ability of future generations to meet their own needs."[22]

3.1.3 Weltgipfel Rio

Die UN-Konferenz für Umwelt und Entwicklung (UNCED) 1992 in Rio de Janeiro gilt aufgrund ihrer großen Teilnehmerzahl als erster Weltgipfel der Geschichte. An der Konferenz wirkten über 15.000 Teilnehmer aus 178 Staaten mit.[23]

Ziel des Gipfels war die Ausarbeitung einer gemeinsamen Leitlinie zur Umsetzung der Erkenntnisse des Brundtland-Berichts.[24] Schlussendlich wurden fünf internationale Vereinbarungen unterzeichnet, darunter ist die Agenda 21 als Konzept für die detaillierte Umsetzung des Leitbilds. Vor allem die Regierungen der einzelnen Staaten sind verantwortlich für die Umsetzung der nachhaltigen Entwicklungen auf nationaler Ebene.[25]

3.1.4 Weltgipfel Johannesburg

Wie auf der Konferenz in Rio 1992 beschlossen, fand der zweite Weltgipfel für nachhaltige Entwicklung 2002 in Johannesburg statt. Neben der Auswertung bisheriger Aktivitäten diente dieser Erdgipfel zur Vereinbarung konkreter Ziele in den Bereichen Wasser, Energie, Gesundheit, Agrarpolitik und Biodiversität.[26] Die wichtigsten Zielvereinbarungen sollen in Tabelle 2 veranschaulicht werden.[27]

---

[21] Vgl. Grunwald, A., Kopfmüller, J. (2006) S. 20.
[22] Report of World Comission on Environment and Development (1987) Chapter 2, S. 1.
Im Deutschen: „Dauerhafte Entwicklung ist Entwicklung, die die Bedürfnisse der Gegenwart befriedigt, ohne zu riskieren, dass künftige Generationen ihre eigenen Bedürfnisse nicht befriedigen können." (Brundtland Bericht; Hardtke Kleinfeld S. 29.)
[23] Vgl. Wiesmeth, H. (2003) S. 8.
[24] Vgl. Gehne, K. (2011) S. 35.
[25] Vgl. Grunwald, A., Kopfmüller, J. (2006) S. 23.
[26] Vgl. Gehne, K. (2011) S. 59.
[27] Vgl. Burschel, C., Losen, D., Wiendl A. (2004) S. 37.

Zielvereinbarung	Erfüllung bis
Halbierung der Weltbevölkerung ohne Zugang zu sanitären Anlagen und sauberem Trinkwasser	2015
Verminderungen der für Menschen und Umwelt schädlichen Chemikalien	2020
Reduzierung des Rückgangs der biologischen Vielfalt	2010
Verhinderung des Rückgangs der Fischbestände und Maßnahmen zur Regenerierung	2015
Erstellung eines Zehn-Jahres-Programms für Nachhaltigkeit im Produktions- und Konsumbereich	Keine Angabe
Fairer Marktzugang für Entwicklungsländer durch Abbau der Agrarsubventionen in den Industrieländern	Keine Angabe
Erhöhung der Entwicklungshilfe auf 0,7 Prozent des BIP der Industrieländer	Keine Angabe

Tabelle 2: Zielvereinbarungen Weltgipfel 1992 (in Anlehnung an Burschel, C.: Betriebswirtschaftslehre der Nachhaltigen Unternehmung)

3.1.5 Deutsche Nachhaltigkeitsstrategie

Die Entwicklung einer nationalen Strategie zur nachhaltigen Entwicklung ist ein wichtiger Bestandteil der auf dem Weltgipfel verabschiedeten Agenda 21. Seit 1999 setzt sich auch die deutsche Bundesregierung mit diesem Thema auseinander. Für die Ausarbeitung der Nachhaltigkeitsstrategie wurde der Rat für nachhaltige Entwicklung etabliert. Dieser sollte neben der Beratung auch mögliche Zielsetzungen und Indikatoren für die Entwicklung der Nachhaltigkeit konzipieren.[28] Im April 2002 wurde schließlich die deutsche Nachhaltigkeitsstrategie unter dem Titel „Perspektiven für Deutschland – Unsere Strategie für eine nachhaltige Entwicklung" der Öffentlichkeit vorgestellt.[29]

Um eine Berichterstattung in regelmäßigen Abständen gewährleisten zu können, hat die Bundesregierung vier Zielbereiche definiert: Generationengerechtigkeit, Sozialer Zusammenhalt, Lebensqualität und Internationale Verantwortung. Zur Beurteilung der Zielerreichung wurden zusätzlich 21 Indikatoren ausgewählt, welche in nachstehender Abbildung in Verbindung mit den jeweiligen Oberzielen aufgezeigt werden.[30]

---

[28] Vgl. http://www.nachhaltigkeit.info/artikel/nachhaltigkeitsstrategie_1374.htm, Abruf am 29.10.2011.
[29] Vgl. Geßner, C. (2007) S. 35.
[30] Vgl. Die Bundesregierung (2002) S. 92-130.

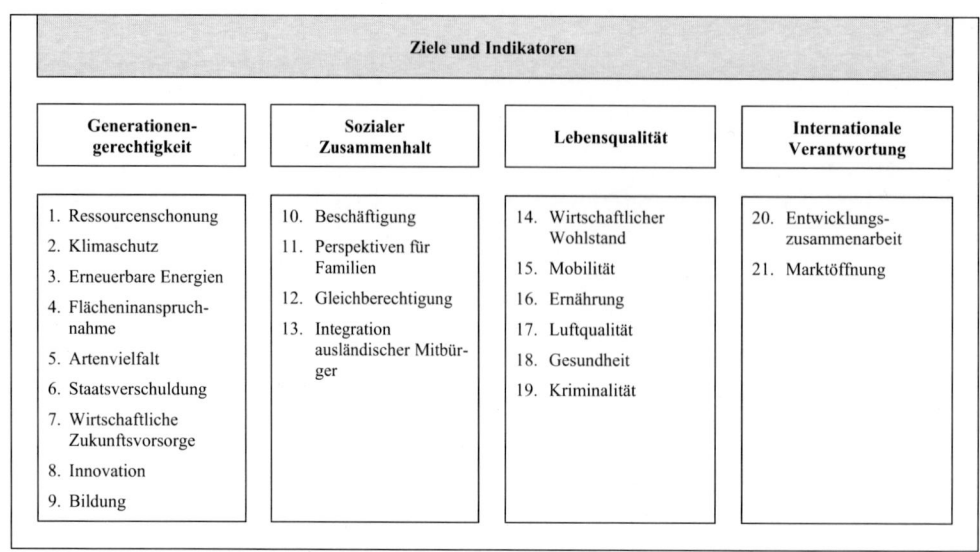

Abbildung 3: Indikatoren der deutschen Nachhaltigkeitsstrategie (in Anlehnung an Bundesregierung: Perspektiven für Deutschland)

3.1.6 Europäische Nachhaltigkeitsstrategie

Auf europäischer Ebene ist nachhaltige Entwicklung schon länger ein wichtiger Bestandteil der Politik. Bereits im Vertrag der Europäischen Gemeinschaft von 1998 findet sich ein in diese Richtung zielender Passus.[31] Im Jahr 2001 wurde schließlich die „Strategie für nachhaltige Entwicklung" verabschiedet. In diesem Zusammenhang wurden folgende Hauptziele formuliert.[32]

– Bekämpfung des Klimawandels

– Sicherung einer nachhaltigen Mobilität

– Abwendung von Bedrohungen für die öffentliche Gesundheit

– Höheres Verantwortungsbewusstsein im Umgang mit natürlichen Ressourcen

– Verlangsamen der Verringerung der Artenvielfalt

– Bekämpfung von Armut und sozialer Ausgrenzung

– Reaktion auf die Herausforderung des demografischen Wandels

Alle Mitgliedsstaaten der Europäischen Union sind verpflichtet, regelmäßig Bericht über den Fortschritt ihrer nationalen Nachhaltigkeitsstrategien zu erstatten. Alle zwei

---

[31] Vgl. http://eur-lex.europa.eu/de/treaties/dat/11997E/htm/11997E.html#0173010078, Abruf am 29.10.2011.
[32] Vgl. http://www.bundesregierung.de/Content/DE/StatischeSeiten/Breg/ThemenAZ/nachhaltigkeit-2006-07-27-die-europaeische-nachhaltigkeitsstrategie.html, Abruf am 29.10.2011.

Jahre folgt eine Bewertung der Kommission hinsichtlich der Zielindikatoren für nachhaltige Entwicklung.[33]

3.2 Dimensionen

In der Literatur haben sich drei wesentliche Dimensionen durchgesetzt, neben der ökologischen Dimension sind sowohl die soziale als auch die ökonomische Dimension von großer Bedeutung. Häufig werden diese Dimensionen auch als „Drei-Säulen-Modell" oder als „Nachhaltigkeitsdreieck" bezeichnet.

Ein wesentliches Merkmal des Drei-Säulen-Modells ist die Gleichrangigkeit aller Dimensionen.[34]

3.2.1 Ökologisch

Zentrales Anliegen der ökologischen Dimension ist die Erhaltung des natürlichen Lebensraums für jetzige und folgende Generationen.

Um dieses Hauptziel erreichen zu können, werden verschiedene Mindestanforderungen an Unternehmen gestellt. Neben dem schonenden Umgang mit natürlichen Ressourcen und der bestmöglichen Verminderung von Umweltbelastungen wird auch der zunehmende Einsatz erneuerbarer Energien gefordert. Unternehmen stehen in einer globalen ökologischen Verantwortung und sind verpflichtet, alle Gefährdungen der Gesundheit von Menschen, Tieren und Pflanzen zu vermeiden bzw. zu reduzieren.[35]

3.2.2 Sozial

Im Vergleich zu ökologischer und ökonomischer Dimension ist die soziale Dimension schwer zu fassen. Soziale Nachhaltigkeit bezeichnet nicht nur die Erhaltung menschlicher Gesellschaften, sondern bereits die Entwicklung derselben.[36]

---

[33] Vgl. http://europa.eu/legislation_summaries/environment/sustainable_development/l28117_de.htm, Abruf am 29.10.2011.
[34] Vgl. Grunwald, A., Kopfmüller, J. (2006) S. 46.
[35] Vgl. Prexl, A. (2010) S. 46.
[36] Vgl. Koplin, J. (2006) S. 30.

Im Vordergrund steht mithin die Schaffung und Wahrung des sozialen Friedens. Zur Erfüllung dieses Ziels müssen Staaten die Menschenwürde und freie Entfaltung der Persönlichkeit gewährleisten. Sowohl Unternehmen als auch die Bürger sind angehalten, einen solidarischen Beitrag für die Gemeinschaft zu leisten. Ein weiterer Gesichtspunkt der sozialen Nachhaltigkeit ist die Erhaltung des sozialen Leistungspotentials für nachfolgende Generationen.[37]

3.2.3 Ökonomisch

Die ökonomische Dimension stellt die Grundlage für die ökologische und soziale Dimension dar. Um einen langfristigen Unternehmenserfolg sicherzustellen, müssen Wertschöpfungspotentiale genutzt und Wettbewerbsvorteile umgesetzt werden.[38]

Zu den unternehmerischen Aufgaben im ökonomischen Bereich zählen neben der Erhaltung der wirtschaftlichen Leistungsfähigkeit auch die Bewahrung der Wertschöpfung und der Beschäftigung für zukünftige Generationen. Des Weiteren sind Unternehmen aufgefordert, ihre Wettbewerbsfähigkeit dauerhaft zu steigern und Innovationen zu fördern.[39]

3.3 Nachhaltigkeitsregeln

Zu den Hauptanliegen nachhaltiger Entwicklung gehört die Sicherung der menschlichen Existenz in Verbindung mit dem Erhalt des gesellschaftlichen Produktivpotentials und der sozialen Entwicklungs- und Handlungsmöglichkeiten.[40]
Um diese Ziele erfolgreich umzusetzen, wurden substantielle und instrumentelle Regeln konzipiert. Während die substantiellen Regeln die inhaltlichen Mindestanforderungen an nachhaltige Entwicklung beschreiben, befassen sich die instrumentellen Regeln mit den notwendigen Mitteln zur Umsetzung dieser Mindestanforderungen.[41]
In der nachfolgenden Tabelle werden die substantiellen Regeln mit ihren Zuordnungen und die dazugehörigen instrumentellen Regeln näher betrachtet.[42]

---

[37] Vgl. Herrmann, C. (2010) S. 48.
[38] Vgl. Fröhlich, E., Weber, T., Willers, C. (2011) S. 25.
[39] Vgl. Backhaus, N., Danielli, G., Laube, P. (2009) S. 41.
[40] Vgl. Gminder, C. U. (2006) S. 91.
[41] Vgl. Grunwald, A., Kopfmüller, J. (2006) S. 56.
[42] Vgl. Grunwald, A., Kopfmüller, J. (2006) S. 57.

Nachhaltigkeitsregeln

Substantielle Regeln

Sicherung der menschlichen Existenz
- Schutz der menschlichen Gesundheit
- Gewährleistung der Energieversorgung
- Selbständige Existenzsicherung
- Gerechte Verteilung der Umweltnutzungsmöglichkeiten
- Ausgleich extremer Einkommens- und Vermögensunterschiede

Erhaltung des Produktivpotentials
- Nachhaltige Nutzung erneuerbarer und nicht erneuerbarer Ressourcen
- Nachhaltige Nutzung der Umwelt als Senke
- Vermeidung unvertretbarer technischer Risiken
- Nachhaltige Entwicklung des Sach-, Human- und Wissenskapitals

Bewahrung der Entwicklungs- und Handlungsmöglichkeiten
- Chancengleichheit bei Bildung, Beruf und Information
- Partizipation an gesellschaftlichen Entscheidungsprozessen
- Erhaltung des kulturellen Erbes und der kulturellen Vielfalt
- Erhaltung der kulturellen Funktion der Natur
- Erhaltung sozialer Ressourcen

Instrumentelle Regeln

Internationalisierung der externen ökologischen und sozialen Kosten

Angemessene Diskontierung

Begrenzung der Staatsverschuldung

Faire weltwirtschaftliche Rahmenbedingungen

Internationale Kooperation

Resonanzfähigkeit und Reflexivität gesellschaftlicher Institutionen

Steuerungs- und Selbstorganisationsfähigkeit

Machtausgleich

Abbildung 4: Nachhaltigkeitsregeln (in Anlehnung an Grunwald, A., Kopfmüller, J.: Nachhaltigkeit)

4. Nachhaltigkeit als Teil der Unternehmenskommunikation

4.1 Ökologische Kommunikation

Zu Beginn der 1980er Jahre veränderte sich die Wahrnehmung der globalen Umweltprobleme signifikant und grundsätzliche Verantwortlichkeiten jeder Organisation mussten reflektiert werden. Die Verantwortung für viele Umweltschäden wurde Unternehmen angelastet, weshalb diese neben der Einführung von Umweltmanagementsystemen auch eine eigene Umweltberichterstattung aufnahmen.[43] Mittlerweile zählt die Umweltberichterstattung zum festen Bestandteil der Unternehmenskommunikation.[44]

Die Umweltberichterstattung soll einen Eindruck über die Beziehung zwischen Unternehmen und Umwelt liefern und dient dabei einerseits als Informationsträger für sämtliche Interessensgruppen eines Unternehmen und befriedigt andererseits verschiedene gesetzliche Auflagen.[45]

Bei der Umweltberichterstattung ist zwischen einer freiwilligen, unfreiwilligen oder verpflichtenden Berichterstattung zu unterscheiden. Während die freiwillige Berichterstattung vordergründig der Imagewerbung dient und keinen Auflagen unterliegt, bewirkt die unfreiwillige Kundgabe das Gegenteil, da es sich hierbei häufig um Krisenkommunikation – etwa als Reaktion auf öffentliche Protestkampagnen, Boykottaufrufe oder negative Presseberichte – handelt. Die verpflichtende Publikation beruht auf gesetzlichen Vorschriften, wonach ein solcher Umweltbericht in erster Linie den Behörden auszuhändigen ist.[46]

Hinzu kommt die Mischform der freiwillig-verpflichtenden Berichterstattung. Hierbei handelt es sich hauptsächlich um die Zertifizierung der für die Umwelt bzw. den Umweltschutz relevanten Maßnahmen nach EMAS[47]. EMAS fordert von den Unternehmen ein Umweltmanagement und eine Umweltbetriebsprüfung. Um eine solche Zertifizierung zu erhalten, verpflichtet sich das Unternehmen zu einer

---

[43] Vgl. Burschel, Losen, Wiendl (2004) S. 550.
[44] Vgl. Hardtke, A., Prehn, M. (2001) S. 225.
[45] Vgl. Rautenstrauch, C. (1999) S. 109.
[46] Vgl. Breidenbach, R. (2002) S. 205.
[47] Eco-Management and Audit Scheme

Erstellung und Veröffentlichung einer Umwelterklärung. Diese Umwelterklärung sollte einerseits die Ziele und dazugehörigen Maßnahmen zur Reduzierung der Umweltschäden enthalten und andererseits Auskunft über sämtliche Daten und Kennzahlen zum betrieblichen Umweltschutz liefern.[48]

4.2 Soziale Kommunikation

Die soziale Berichterstattung lässt sich bis in die 1970er Jahre zurückverfolgen. Zur damaligen Zeit nahm das Verantwortungsbewusstsein der Unternehmen für gesellschaftliche Belange sowohl intern als auch extern zu. Ausschlaggebend dafür waren steigende physische und psychische Arbeitsbelastung, die sozialen Implikationen neuer Organisations- und Produktionsmethoden sowie das sinkende Vertrauen der Bürger in staatliche Regelungen zur Bekämpfung der damit verbundenen Probleme.[49]

Die Herausforderung für die Unternehmen liegt seither darin, über ihre auf das gesellschaftliche Wohl ausgerichteten Ziele sowie über die Auswirkungen, die Kosten und den Nutzen entsprechender Maßnahmen Auskunft zu erteilen.[50] Da die Anfertigung und Veröffentlichung eines Sozialberichts für Unternehmen zwar keine gesetzliche Pflicht darstellt, Wirtschaftssubjekte aber generell einer gesellschaftlichen Erwartungshaltung unterliegen, ist es nicht überraschend, dass Unternehmen immer häufiger auch die soziale Seite ihres Handelns durchleuchten.[51]

In den letzten Jahren hat sich die soziale Berichterstattung somit zu einem festen Bestandteil des Nachhaltigkeits-Reportings entwickelt. Ein integraler Unterschied zwischen der damaligen und heutigen Sozialberichterstattung ist vor allem die globalere Perspektive, mit der Unternehmen im 21. Jahrhundert soziale Fragen beleuchten. Dies schließt insbesondere Themen mit ethisch-moralischem Charakter ein, beispielsweise Kinderarbeit und Menschenrechte.[52]

---

[48] Vgl. http://www.nachhaltigkeit.info/artikel/umweltbericht_1032.htm, Abruf am 29.11.2011.
[49] Vgl. Isenmann, R., Marx Gómez, J. (2008) S. 56.
[50] Vgl. Burschel, Losen, Wiendl (2004) S. 549.
[51] Vgl. Burschel, Losen, Wiendl (2004) S. 549.
[52] Vgl. Isenmann, R., Marx Gómez, J. (2008) S. 56.

Zu den bekanntesten Regelwerken für Standards im sozialen Bereich zählt die von der Social Accountability International (SAI) entwickelte Norm Social Accountability 8000 (SA 8000). Die in SA 8000 formulierten Standards beruhen auf der allgemeinen Deklaration von Menschenrechten, Kinderrechtskonventionen und sonstigen grundlegenden Arbeitsrechten.[53] Die folgende Tabelle stellt eine Übersicht der Hauptkriterien der SA 8000 dar.[54]

Standards der SA 8000
Verbot von Kinder- und Zwangsarbeit
Gewährleistung einer gesunden und sicheren Arbeitsumgebung
Gewerkschafts- und Versammlungsfreiheit
Verbot von Diskriminierung
Maximale Arbeitswoche von 48 Stunden
Mindestlöhne
Verbot von geistiger oder körperlicher Bestrafung
Implementierung der Managementanforderungen zur Erfüllung, Einhaltung und Überwachung der SA 8000

Abbildung 5: Hauptkriterien der SA 8000 (in Anlehnung an Kreikebaum, H: Management ethischer Konflikte in international tätigen Unternehmen)

4.3 Ökonomische Kommunikation

Deutsche Kapitalgesellschaften unterliegen einer gesetzlich vorgeschriebenen Publizitätspflicht. Unternehmen sind demnach verpflichtet, Informationen zu ihrer wirtschaftlichen Lage zu erstellen und zu veröffentlichen. Die Informationspflicht bezieht sich in Deutschland vor allem auf Jahresabschlüsse und Lageberichte sowie Konzernabschlüsse und -lageberichte.[55]

Auch wenn der Gesetzgeber keinerlei Vorgaben zur Veröffentlichung dieser Informationen in gestalteter Form macht, hat sich der Geschäftsbericht als Instrument der finanziellen Kommunikation mit Unternehmensexternen durchgesetzt.[56]

Der Geschäftsbericht ist daher keinesfalls als ein reines Zahlen-Konvolut anzusehen, sondern viel mehr als ein zentrales Mittel der Unternehmenskommunikation in Bezug auf alle Anspruchsgruppen. In vielen Geschäftsberichten deutscher Gesell-

---

[53] Vgl. Schmid, S. (2009) S. 270.
[54] Vgl. Behnam, M., Gilbert, D. U., Kreikebaum, H. (2001) S. 173–175.
[55] Vgl. Schlierer, H.-J. (2004) S. 57.
[56] Vgl. Oberdörster, T. (2009) S. 53.

schaften wird deshalb neben den gesetzlich geforderten Informationen ausführlich über Philosophie und Produkte des Unternehmens berichtet, um auf diese Weise Image, Branding und Awareness zu schärfen.[57]

Da der Geschäftsbericht neben Investoren und Analysten auch die Aufmerksamkeit der breiten Öffentlichkeit ansprechen soll, werden erhebliche Ressourcen in die Erstellung dieses Dokuments investiert. Die enorme Bedeutung von herausragenden Geschäftsberichten zeigt sich auch an der Vielzahl von entsprechenden Rankings und Auszeichnungen.[58]

---

[57] Vgl. Köhler, M. M., Schuster, C. H. (2006) S. 344.
[58] Vgl. Kirchhoff, K. R., Piwinger, M. (2005) S. 313.

5. Nachhaltigkeitskommunikation in der Praxis

5.1 Nachhaltigkeitsberichte

Die Nachhaltigkeitsberichterstattung impliziert die Untersuchung, Publikation und Rechenschaftslegung der Tätigkeiten und Leistungen eines Unternehmens mit Bezug auf nachhaltige Entwicklung. Nachhaltigkeitsberichte sollen einen angemessenen und ganzheitlichen Überblick über die nachhaltigen unternehmerischen Leistungen liefern.[59] Ein weiteres Anliegen ist Transparenz im Hinblick auf die sozialen, ökologischen und ökonomischen Bedingungen und Resultate unternehmerischen Handelns.[60]

5.1.1 Zielgruppen von Nachhaltigkeitsberichten

Um den Nachhaltigkeitsbericht an den Anforderungen und Interessen der Zielgruppen ausrichten zu können, müssen vor der Erstellung des Berichts die Anspruchsgruppen definiert werden. Zu den wichtigsten Stakeholdern eines Unternehmens zählen sowohl die Mitarbeiter, Kunden, Investoren und Lieferanten als auch sämtliche Wettbewerber sowie die Öffentlichkeit und staatliche Institutionen (Legislative, Exekutive).

5.1.2 Grundsätze der Nachhaltigkeitsberichterstattung

Wie bei der Erstellung von Geschäftsberichten sollten auch bei der Nachhaltigkeitsberichterstattung einige Prinzipien eingehalten werden. Die im Folgenden erläuterten Grundsätze der Wahrheit, Wesentlichkeit, Klarheit, Öffentlichkeit, Stetigkeit und Vergleichbarkeit wurden 1997 im Rahmen des Leitfadens „Umweltberichte für die Öffentlichkeit" definiert und dienen bis heute als Basis für jeden Nachhaltigkeitsbericht.[61]

---

[59] Vgl. http://www.omtec.at/sites/omt/uploads/14gri_Leitfaden.pdf, Abruf am 30.11.2011.
[60] Vgl. Lederer, K., Sandberg, B. (2011) S. 409.
[61] Vgl. BMU Nachhaltigkeitsberichterstattung S. 6.

Dabei zielt das Prinzip Wahrheit auf eine ehrliche, transparente und nachvollziehbare Darstellung aller nachhaltigkeitsrelevanten Aussagen ab.[62]

Der Grundsatz der Wesentlichkeit verlangt von Unternehmen die Auseinandersetzung mit Themen, die ökologischen, sozialen oder ökonomischen Einfluss auf das Unternehmen oder seine Stakeholder haben. Die relevanten Informationen aus den wichtigsten Themenbereichen sind im Bericht zu fixieren.[63]

Zudem soll ein Nachhaltigkeitsbericht den Aspekt der Klarheit erfüllen. Alle Informationen sind deutlich und strukturiert aufzuzeigen. Die Darstellung, Bezeichnung und Gliederung der Daten soll für alle Zielgruppen des Berichts verständlich sein.[64]

Unter dem Prinzip der Öffentlichkeit ist der einfache und freie Zugang zum Nachhaltigkeitsbericht zu verstehen. Allen Anspruchsgruppen eines Unternehmens soll ein Einblick in die nachhaltigen Ansichten und Aktivitäten eines Unternehmens gewährleistet werden. Von großer Bedeutung ist an dieser Stelle auch die Veröffentlichung sämtlicher Stakeholder-Dialoge.[65]

Um den Grundsatz der Stetigkeit und Vergleichbarkeit zu wahren, sollten die inhaltliche Struktur und die wesentlichen Indikatoren eines Nachhaltigkeitsberichts im Zeitverlauf nach Möglichkeit beibehalten werden. Des Weiteren ist darauf zu achten, dass im Bericht angewandte Bewertungsmodelle sowie unumgängliche strukturelle bzw. gestalterische Änderungen ausreichend erläutert werden.[66]

5.1.3 Elemente eines Nachhaltigkeitsberichts nach GRI

Die Global Reporting Initiative (GRI) wurde 1997 von der Coalition of Environmentally Respinsible Economies (CERES) und dem Umweltprogramm der Vereinten Nationen (UNEP) gegründet.[67] Oberstes Ziel der GRI ist die Bereitstellung eines verständlichen und branchenübergreifend anerkannten Leitfadens zur Erstellung von

---

[62] Vgl. DIN 33922.
[63] Vgl. DIN 33922.
[64] Vgl. Leitfaden zur Berichterstattung RG S. 16.
[65] Vgl. BMU Nachhaltigkeitsberichterstattung S. 6.
[66] Vgl. http://www.nachhaltigkeitsberichte.net/img_neu/NachhBer.pdf , S. 19., Abruf am 30.11.2011
[67] Vgl. Gelbrich, K., Müller, S. (2011) S. 530.

Nachhaltigkeitsberichten.[68] Da die Richtlinien der GRI zu den international anerkanntesten Standards für die Erstellung und Bewertung eines Nachhaltigkeitsberichts zählen, werden die Anforderungen und Kriterien der GRI an dieser Stelle der Studie genauer erläutert.[69]

5.1.3.1 Unternehmensprofil

Die Erläuterung des Unternehmensprofils und der dazugehörigen Unternehmensstrategie ist ein bedeutsames Element des Nachhaltigkeitsberichts, da nur eine solche Übersicht das Verständnis für die darauffolgenden Themen gewährleistet und die einzelnen Leistungen in einen Gesamtzusammenhang eingeordnet werden können.[70]

Zum Unternehmensprofil zählen neben Fakten wie Rechtsform, Standorte und Geschäftsgegenstand auch Kennzahlen zu Umsatz, Betriebsergebnis und Mitarbeitern. Um für den Leser des Berichts die weiteren Kapitel transparenter zu gestalten, ist es notwendig, die Nachhaltigkeitsstrategie detailliert zu erläutern. Darüber hinaus sollte gleich zu Beginn des Berichts ein kurzer Überblick über die Nachhaltigkeits-Ziele des Unternehmens gegeben werden – idealerweise in Verbindung mit prägnanten Hinweisen auf Erfolge und Probleme im Berichtszeitraum.[71]

5.1.3.2 Managementansatz

Unter dem Managementansatz ist die systematische Behandlung von nachhaltigen Themen zu verstehen, insbesondere die Einbindung des gesamten Managements in die Bewältigung der nachhaltigkeitsbezogenen Aufgaben im Unternehmen.[72]

Zu den Inhalten des Managementansatzes zählen eine detaillierte Vorstellung der Unternehmensstruktur sowie eine konkrete Abhandlung zum Nachhaltigkeitsmanagement. Zudem sind an dieser Stelle die einzelnen Stakeholder des Unternehmens zu nennen und in die Gesamtstruktur einzuordnen.[73]

---

[68] Vgl. Burschel, Losen, Wiendl (2004) S. 564.
[69] Vgl. Walter, B. L. (2010) S. 90.
[70] Vgl. Isenamnn, R., Marx Gómez, J. (2008) S. 306.
[71] Vgl. http://www.omtec.at/sites/omt/uploads/14gri_Leitfaden.pdf, Abruf am 30.11.2011.
[72] Vgl. Isenamnn, R., Marx Gómez, J. (2008) S. 306.
[73] Vgl. http://www.omtec.at/sites/omt/uploads/14gri_Leitfaden.pdf, Abruf am 30.11.2011.

5.1.3.3 Leistungsindikatoren

Um eine Vergleichbarkeit der Nachhaltigkeitsberichte gewährleisten zu können, empfiehlt die GRI den Aufbau des Nachhaltigkeitsberichts anhand bestimmter Leistungskennzahlen. Zur Wahrung der Übersichtlichkeit sind diese Leistungskennzahlen in die drei Dimensionen der Nachhaltigkeit – Ökologie, Ökonomie und Soziales – unterteilt.[74]

Die sozialen Leistungsindikatoren sollen darüber informieren, wie sich die Tätigkeit des Unternehmens auf das gesellschaftliche System auswirkt – gemessen an Kern-Indikatoren wie Arbeitsbedingungen, sozialem Engagement, Produktverantwortung oder Schutz der Menschenrechte.[75]

Die ökologischen Leistungskennzahlen geben Aufschluss über die aus der Geschäftstätigkeit folgenden Konsequenzen für die natürlichen Lebensräume. Hinzu kommen Ausführungen zur Leistungsaufnahme von Ressourcen wie Energie, Wasser und Material sowie zur Leistungsabgabe bezüglich Abfall, Abwasser und Emissionen.[76] Darüber hinaus empfiehlt die GRI, weitere Angaben zu Themen wie Biodiversität, Produkte und Dienstleistungen, Transport und Rechtssicherheit zu machen.[77]

Die ökonomischen Leistungsindikatoren sollen Auskunft über die Implikationen für die Wirtschaftlichkeit der Stakeholder sowie auf das gesamte lokale, nationale und globale Wirtschaftssystem geben.[78] Neben der Analyse der Auswirkungen sind zwei weitere Aspekte in der Berichterstattung zu beachten, nämlich einerseits generelle Angaben zur wirtschaftlichen Leistung der Organisation und andererseits Informationen zur Marktpräsenz.[79]

---

[74] Vgl. Burschel, Losen, Wiendl (2004) S. 567.
[75] Vgl. Arnold, J. (2010) S. 136.
[76] Vgl. Arnold, J. (2010) S. 136.
[77] Vgl. Burschel, Losen, Wiendl (2004) S. 569.
[78] Vgl. Lackmann, J. (2009) S. 70.
[79] Vgl. http://www.omtec.at/sites/omt/uploads/14gri_Leitfaden.pdf, Abruf am 30.11.2011.

5.2 Stakeholder-Dialoge

Stakeholder-Dialoge stellen die zentrale Verbindung zwischen einem Unternehmen und den gesellschaftlichen Interessen der Anspruchsgruppen dar. Zu den Anspruchsgruppen zählen neben Eigentümern, Kunden, Lieferanten und Mitarbeitern auch die Gesellschaft und der Staat.[80]

Für Unternehmen ist es von großer Bedeutung zu wissen, was die Stakeholder vom Unternehmen erwarten. Die Ergebnisse solcher Dialoge tragen entscheidend zur Entwicklung der CSR-Strategie eines Unternehmens bei. Durch stetige Kommunikation können Trends frühzeitig erkannt und Handlungsweisen definiert werden, um gemeinsam auf aktuelle Chancen und Herausforderungen zu reagieren.[81]

Ein primäres Ziel der Stakeholder-Dialoge liegt darin, die Meinung der Stakeholder zu sämtlichen Unternehmensaktivitäten einzuholen. Durch die aus den Dialogen resultierende Transparenz ist das Unternehmen außerdem in der Lage, jetzige und künftige Konfliktpotentiale zu erkennen. Im Hinblick auf das Nachhaltigkeitsengagement eines Unternehmens sind die Stakeholder sehr hilfreich, da durch die wechselseitige Abstimmung Stärken und Schwächen rechtzeitig identifiziert werden können. Des Weiteren bietet eine regelmäßige Kommunikation mit den Anspruchsgruppen neben neuen Erkenntnissen ein steigendes gegenseitiges Verständnis, wodurch das Unternehmen näher in die Mitte der Gesellschaft rückt.[82]

5.3 Internetbasierte Nachhaltigkeitskommunikation

Das Internet, im speziellen die Entwicklung des Social Web (Web 2.0), bietet Unternehmen gänzlich neue Möglichkeiten im Bereich der Nachhaltigkeitskommunikation. Zum einen können durch einen Webauftritt mehr Anspruchsgruppen erreicht und damit einhergehend deren Erwartungen erkannt werden. Dieser öffentliche Dialog stärkt das Vertrauen der Stakeholder in die Organisation. Zum anderen

---

[80] Vgl. Lederer, K., Sandberg, B. (2011) S. 381.
[81] Vgl. Walter, B.-L. (2010) S. 121.
[82] Vgl. Dubielzig, F. (2009) S. 250.

stellt der Webauftritt eine Plattform dar, auf der die Stakeholder öffentlichem Druck auf die Organisationen ausüben und somit ihre Ansprüche untermauern können.[83]

Nach Isenmann werden drei Arten von internetbasierter Nachhaltigkeitsberichterstattung gemäß der Nutzung des Internets klassifiziert – konvertierte, web-basierte und Internet-basierte Berichte. Während es sich bei konvertierten Berichten ausschließlich um die Präsentation linear strukturierter, statischer Printmedien handelt, bieten web-basierte Berichte zusätzliche Ausgabekanäle im WWW und dienen somit nicht nur zur Präsentation, sondern auch zur Distribution von Informationen. Zu einer komplett neuen Form der web-basierten Nachhaltigkeitsberichterstattung zählen Internet-basierte Berichte. Diese zeichnen sich vor allem durch dynamische, netzwerkartige und medienübergreifende Inhalte aus, welche nicht nur präsentiert und verteilt, sondern auch erstellt, verwaltet und kommuniziert werden sollen.[84]

Grundsätzlich bietet die Einbeziehung des Internets in der Nachhaltigkeitskommunikation für Unternehmen noch weitaus mehr Chancen als bisher genutzt werden. Die Interaktivität wird momentan nur von sehr wenigen Unternehmen für den Dialog mit ihren Anspruchsgruppen genutzt.[85]

---

[83] Vgl. Jarolimek, S., Raupp, J., Schultz, F. (2011) S. 480.
[84] Vgl. Isenmann, R., Marx Gómez, J. (2008) S. 24.
[85] Vgl Isenmann, R., Marx Gómez, J. (2008) S. 23.

6. Ranking: Nachhaltigkeitsberichte der DAX 30 Unternehmen

6.1 Ziele des Rankings

Verbraucher achten zunehmend darauf, inwieweit Unternehmen und Produkte nachhaltige Merkmale aufweisen. Dies belegen aktuelle Studien von Coca-Cola Deutschland in Verbindung mit der Verbraucher Initiative e. V., in denen 65 Prozent der Befragten angeben, dass Nachhaltigkeit ein Aspekt ihrer Kaufentscheidung sei.[86]

Dementsprechend sind Unternehmen aufgefordert, nicht nur nachhaltig zu wirtschaften, sondern gleichzeitig neben produktspezifischen Faktoren auch das gesamte Spektrum ihrer allgemeinen Nachhaltigkeitsaktivitäten transparent zu kommunizieren. Genau hier setzt das folgende Ranking an, das die Nachhaltigkeitsberichte der DAX-Konzerne miteinander vergleicht und sich dabei sowohl an Verbraucher wie auch an Unternehmen richtet.

Aus Sicht des Konsumenten liefert die Qualität der Nachhaltigkeitskommunikation wertvolle Rückschlüsse darauf, welchen Stellenwert der Nachhaltigkeitsgedanke bei den größten in Deutschland börsennotierten Unternehmen einnimmt – ob es sich um ein ernsthaftes Anliegen oder eher um eine lästige Pflicht handelt.

Auf Unternehmensseite sind die Primäradressaten des Rankings naturgemäß die untersuchten Aktiengesellschaften, die nicht nur Auskunft darüber erhalten, wie ihre Nachhaltigkeitskommunikation innerhalb der Peergroup positioniert ist, sondern darüber hinaus erfahren, wo die Stärken und insbesondere die Optimierungspotentiale ihres Nachhaltigkeitsberichts liegen.

Gleichzeitig ist der Mehrwert des Rankings nicht auf die DAX-Mitglieder beschränkt: Da die einzelnen Kriterien allgemeingültig formuliert sind, können sie auch von Unternehmen außerhalb des DAX angewendet werden, um die eigene Nachhaltigkeitskommunikation sowohl relativ als auch absolut einzuordnen.

---

[86] Vgl. http://www.greenpeace.de/themen/meere/fischerei/artikel/ nachhaltigkeit_bei_konsumenten_und_unternehmen_auf_dem_vormarsch/, Abruf am 15.12.2011.

6.2　Bewertungsgrundlage

Bewertungsgrundlage sind alle Nachhaltigkeitsberichte, CSR-Berichte oder ähnliche Berichte, die neben sozialen und ökologischen Informationen auch gesellschaftliche Aspekte beinhalten. Diese Informationen müssen in einem Bezug zum gesamten berichterstattenden Unternehmen stehen und für einen fest definierten Zeitraum dargestellt sein. Es werden somit alle DAX-Unternehmen näher betrachtet, die ihren Bericht in gedruckter Form und/oder als zum Download verfügbares PDF-Dokument öffentlich bereitstellen.[87]

Unternehmen, die keinen solchen Bericht veröffentlichen, werden im Ranking nicht berücksichtigt. Um eine homogene Bewertung gewährleisten zu können, werden an dieser Stelle auch jene Unternehmen isoliert, die lediglich eine rein web-basierte Berichterstattung vorweisen. Jene Unternehmen, die mangels der o. g. Voraussetzungen nicht berücksichtigt werden, fallen von vornherein aus der Auswertung heraus.

Da PDF-Dateien in der Regel nur ein digitaler Ausgabe- bzw. Verteilungskanal für Print-Dokumente sind, wird der online verfügbare PDF-Bericht bei der Bewertung mit einem Print-Bericht gleichgesetzt. Unabhängig vom Publikationsformat arbeiten viele Unternehmen mit gezielten Verweisen auf weiterführende Inhalte, beispielsweise externe Internet-Seiten oder andere Veröffentlichungen/Broschüren. Diese Verweise werden inhaltlich in die Bewertung einbezogen, sofern die jeweiligen Informationen explizit betitelt sind und bestenfalls die URL, mindestens jedoch eine eindeutige Sprungmarke angegeben ist.

6.3　Methodik der Bewertung

6.3.1　Struktur der Kriterien

Die dem Ranking zugrundeliegenden Kriterien sind aufgeteilt in fünf Hauptkategorien, welche sich in insgesamt 26 Einzeldisziplinen aufgliedern und allgemeingültigen und branchenübergreifenden Anforderungen unterliegen.

---

[87] Berücksichtigt werden alle Berichte bis zum 15.12.2011 veröffentlichten Berichte.

Den Anfang machen generelle berichtseinleitende Kriterien, die auf Informationen zum Unternehmen und zur Einbettung des Nachhaltigkeitsgedankens in das strategische Management abzielen.

Darauf folgen die drei Kernkriterien des Rankings, die der Auswertung der Informationen zur sozialen, ökologischen und gesellschaftlichen Dimension dienen. Während zu den sozialen Anforderungen der generelle Umgang mit den Mitarbeitern im eigenen Unternehmen sowie in der gesamten Wertschöpfungskette zählt, befassen sich die gesellschaftlichen Kriterien mit der im Unternehmen gelebten Einstellung zur Gesellschaft. Der ökologische Komplex analysiert die Berichtsinhalte in Bezug auf die tatsächlich wahrgenommene ökologische Verantwortung eines Unternehmens.

Abschließend wird der Bericht im Hinblick auf qualitative Anforderungen wie Glaubwürdigkeit und Anschaulichkeit ausgewertet.

Da die einzelnen Hauptkategorien unterschiedliche Relevanz haben, erfolgt eine Gewichtung mittels Multiplikatoren. Als wesentliche Indikatoren werden die sozialen, ökologischen und gesellschaftlichen Kriterien mit dem Faktor 25 multipliziert. Die allgemeinen Anforderungen werden mit einem Multiplikator von 20 gewertet, woraus sich für die qualitativen Anforderungen der Faktor fünf ergibt.

Einen Überblick über die maximale Bewertung, die dazugehörige Gewichtung sowie die maximal zu erreichende Punktzahl gibt die nachfolgende Tabelle. Im Optimalfall – d.h., wenn in jeder Einzeldisziplin die maximale Punktzahl vergeben wird – können 1.450 Punkte erreicht werden.

Kriterien	Maximale Wertung	Faktor	Maximale Punktzahl
Allgemeine Anforderungen			360
Kennzahlen	3	20	60
Unternehmensbereiche	3	20	60
Nachhaltigkeitsstrategie	3	20	60
Zielvereinbarungen	3	20	60
Stakeholder Management	3	20	60
GRI	3	20	60
Ökologische Anforderungen			450
Umwelt- und Klimaschutz	3	25	75
Energieeffizienz	3	25	75
Abfallmanagement	3	25	75
Wasserverbrauch und Abwassermenge	3	25	75
Papierverbrauch	3	25	75
Ökologische Verantwortung in der Lieferkette	3	25	75
Gesellschaftliche Anforderungen			225
Corporate Giving	3	25	75
Corporate Sponsoring	3	25	75
Corporate Volunteering	3	25	75
Qualitative Anforderungen			55
Glaubwürdigkeit	3	5	15
Anschaulichkeit	3	5	15
Klicks	1	5	5
Verlinkungen	3	5	15
Glossar	1	5	5

Tabelle 3: Wertungsdisziplinen des Rankings (eigene Darstellung)

6.3.2 Bewertung der Kriterien

Das Punktesystem des Rankings gliedert sich in drei Bewertungsebenen. Drei Punkte werden vergeben, wenn ein Kriterium vollumfänglich erfüllt ist oder ein Unternehmen sogar noch darüber hinausgehende Informationen bereitstellt. Bei einigen Kriterien ist die Erreichung der Höchstpunktzahl überdies an branchenspezifische Anforderungen geknüpft.

Sofern ein Bericht nicht allen für ein Kriterium definierten Anforderungen genügt, sondern diese nur teilweise erfüllt, wird regelmäßig ein Punkt angerechnet. Gleichzeitig sind für die meisten Wertungsdisziplinen zudem gewisse Mindestanforderungen vorgegeben, die sich häufig auf die Darstellung von Zahlenangaben für mehrere Jahre beziehen, da diese trotz evtl. fehlender qualitativer Ausführungen eine aussagekräftige Information für den Leser darstellen.

Sind die bereitgestellten Informationen nicht vorhanden oder dergestalt unvollständig bzw. nicht ausführlich genug, dass nicht einmal die Mindestanforderungen erfüllt werden, erhält der Bericht in der jeweiligen Wertungsdisziplin null Punkte.

Anforderungen	Punkte
Die Anforderungen werden in vollem Umfang erfüllt.	3
Die Anforderungen werden in weiten Teilen erfüllt.	1
Die Anforderungen werden nicht hinreichend erfüllt bzw. es liegen keine Angaben zu diesem Punkt vor.	0

6.4 Auswahl der Einzelkriterien

6.4.1 Allgemeine Anforderungen

6.4.1.1 Kennzahlen

Eine Übersicht der wichtigsten Unternehmens-Kennzahlen stellt eine integrale Voraussetzung dar, um die im weiteren Verlauf des Berichts präsentierten Informationen angemessen einordnen zu können. Diese Angaben dienen als zentraler Anlaufpunkt bei später aufkommenden Fragen.

Anforderungen	Punkte
Der Nachhaltigkeitsbericht enthält an exponierter Stelle in strukturierter Form mit Vorjahresvergleich Angaben zu folgenden Parametern: – Gesamtumsatz – Betriebsergebnis – Anzahl der Mitarbeiter	3
Die Anforderungen werden nur zum Teil erfüllt. Der Leser findet die Kennzahlen im Bericht verteilt und nicht an einer zentralen Stelle.	1
Die Anforderungen werden nicht hinreichend erfüllt bzw. es liegen keine Angaben zu diesem Punkt vor.	0

6.4.1.2 Unternehmensbereiche

Selbst Firmen derselben Branche sind häufig – je nach Management-Philosophie und Positionierung entlang der Wertschöpfungskette – unterschiedlich organisiert. Um erkennen zu können, inwieweit der Nachhaltigkeitsgedanke in sämtliche operativen Prozesse integriert ist oder ob ein Unternehmen sich nur oberflächlich mit dem Thema auseinandersetzt, benötigt der Leser deshalb zwingend einen Überblick über die Struktur der zentralen Funktionen/Abteilungen, Geschäftsbereiche und ggfs. Konzerngesellschaften. Idealerweise reflektiert der Bericht dabei nicht nur das betriebswirtschaftliche bzw. gesellschaftsrechtliche Organigramm, sondern nimmt gleichzeitig eine Zuordnung der zentralen Nachhaltigkeitsaktivitäten zu den Bereichen vor.

Anforderungen	Punkte
Im Bericht werden alle Unternehmensbereiche in übersichtlicher (zumeist grafischer) Form erläutert und die jeweiligen Bezüge zur unternehmerischen Nachhaltigkeit verständlich dargestellt.	3
Das Organigramm bzw. die Vorstellungen der Geschäftsbereiche sind im Bericht verteilt und nicht an einer zentralen Stelle zu finden. Im Bericht fehlt der Bezug zur unternehmerischen Nachhaltigkeit.	1
Die Anforderungen werden nicht hinreichend erfüllt bzw. es liegen keine Angaben zu diesem Punkt vor.	0

6.4.1.3 Nachhaltigkeitsstrategie

Gerade weil die Nachhaltigkeitsaktivitäten eines Unternehmens in der praktischen Umsetzung sämtliche Funktionen und Geschäftsbereiche tangieren, müssen die zahlreichen Einzelmaßnahmen einer übergeordneten Leitlinie folgen. Nur eine konsequente Nachhaltigkeitsstrategie, die klare Ziele für die Integration des Nachhaltigkeitsgedankens in neue und bestehende Unternehmensprozesse benennt, ermöglicht dauerhaft nachhaltiges Agieren.

Mit einer konkreten Kommunikation seiner Interpretation und Vision von Nachhaltigkeit kann ein Unternehmen überdies positives Image erzeugen und etwaigen „Greenwashing"-Vorwürfen von vornherein entgegenwirken.[88]

---

[88] Vgl. Prexl, A. (2009) S. 37.

Anforderungen	Punkte
Das Unternehmen legt in einer anschaulichen Darstellung seine Nachhaltigkeitsvision und die daraus resultierenden langfristigen Ziele offen. Des Weiteren sind im Bericht die Dimensionen der Nachhaltigkeit kurz erläutert, in Verbindung mit einer Übersicht über die einzelnen Handlungsfelder.	3
Die Anforderungen werden nur zum Teil erfüllt. Zu den Mindestanforderungen zählt eine kurze Erläuterung der nachhaltigen Schwerpunkte des unternehmerischen Handelns.	1
Die Anforderungen werden nicht hinreichend erfüllt bzw. liegen keine Angaben zu diesem Punkt vor.	0

6.4.1.4 Zielvereinbarungen

Die Offenlegung aller Nachhaltigkeitsziele – sowohl der vergangenen (d.h., eventuell bereits erreichten) als auch der zukünftigen – erhöht die Glaubwürdigkeit des Unternehmens in Bezug auf die Umsetzung der Nachhaltigkeitsstrategie. Dabei sollen die Ziele nicht nur genannt und auf der Zeitachse eingeordnet werden, sondern überdies in strukturierter Form mit konkreten Maßnahmen konnektiert sein.

Zudem ist ein gewisses Maß an Selbstkritik wünschenswert: Wenn in früheren Berichten genannte Ziele im Berichtszeitraum nicht erreicht worden sind, ist es ratsam, neben dem Umstand auch die Hintergründe der Nichterreichung zu erläutern und neue Maßnahmen zu skizzieren, mit denen ein in der Vergangenheit verfehltes Ziel künftig erreicht werden soll.

Anforderungen	Punkte
Das Unternehmen veröffentlicht in seinem Bericht detaillierte Ziele in Bezug auf die unternehmerische Nachhaltigkeitsstrategie, die dazugehörigen Maßnahmen sowie den zeitlichen Rahmen für die Erreichung der Ziele. Darüber hinaus enthält der Bericht eine übersichtliche und leicht verständliche Übersicht aller zukünftigen Zielvereinbarungen – einschließlich Informationen zum Erfüllungsgrad und den Maßnahmen zur Umsetzung von Zielen, die bis zur Veröffentlichung des aktuellen Nachhaltigkeitsberichts erreicht werden sollten.	3
Der Bericht erfüllt die Anforderungen nur teilweise. Das Unternehmen veröffentlicht mindestens eine klar strukturierte Übersicht der zukünftigen Ziele sowie eine detaillierte Erläuterung zu den Zielen selbst. Die Maßnahmen zur Umsetzung sowie die zeitliche Einordnung sind im Bericht nicht enthalten.	1
Die Anforderungen werden nicht hinreichend erfüllt bzw. liegen keine Angaben zu diesem Punkt vor.	0

6.4.1.5 Stakeholder-Management

Richtig angewandtes Stakeholder-Management stellt sowohl Rechte als auch Pflichten auf Seiten des Unternehmens und deren Anspruchsgruppen dar. Demnach werden die einzelnen Anspruchsgruppen von Unternehmen beeinflusst und zugleich sind die Stakeholder befähigt, selbst Anforderungen an das Unternehmen zu stellen.[89] Die wesentlichen Anspruchsgruppen eines Unternehmens werden unterschieden. Zum einen liegen existenzsichernde Stakeholder (primäre Stakeholder) vor und zum anderen alle zusätzlichen Stakeholder, die nur indirekt Einfluss auf das Unternehmen ausüben. Sämtliche Stakeholder müssen ihrer Rolle entsprechend und gerecht behandelt werden. Ein wesentlicher Faktor eines erfolgreichen Stakeholder-Managements ist die Wahrung und Erkennung der Ernsthaftigkeit der einzelnen Interessen sowie die Integration in die Unternehmenskommunikation.[90]

---

[89] Vgl. Althaus, M., Geffken, M., Rawe, S. (2005) S. 269.
[90] Vgl. Jonker, J., Stark, W., Tewes, S. (2011) S. 185.

Anforderungen	Punkte
Der Bericht enthält eine übersichtliche Darstellung aller Stakeholder des Unternehmens und geht explizit darauf ein, welche Arten von Stakeholder-Dialogen das Unternehmen führt.	3
Die Anforderungen werden nur zum Teil erfüllt. Der Bericht enthält mindestens eine Übersicht der Anspruchsgruppen des Unternehmens.	1
Die Anforderungen werden nicht hinreichend erfüllt bzw. liegen keine Angaben zu diesem Punkt vor.	0

6.4.1.6 GRI – Global Reporting Initiative

Die Richtlinien der Global Reporting Initiative gelten mittlerweile als Standard für Nachhaltigkeitsberichte. Ein an den GRI-Leitlinien ausgerichteter Bericht zeigt, dass diese allgemeingültigen Bedingungen vom Unternehmen akzeptiert und eingehalten werden. Zusätzlich steigert ein Unternehmen mit der Publikation der GRI-Indikatoren seine Glaubwürdigkeit, da durch die Veröffentlichung auch eventuell vorhandene Missstände erkennbar gemacht werden. Ein weiterer Vorteil aus Sicht der Stakeholder ist die sich aus dem GRI-Index ergebende Vergleichbarkeit von Nachhaltigkeitsberichten.

Inwieweit ein Bericht die GRI-Leitlinien erfüllt, wird durch eine Buchstaben-Kennzeichnung veranschaulicht. Mögliche Kennzeichnungen sind A+, A, B+, B, C+ und C, wobei A die höchste und C die niedrigste Übereinstimmung mit den GRI-Leitlinien anzeigt..[91] Während das Zusatzzeichen „+" für die externe Prüfung und Vergabe der Kennzeichnung durch die GRI steht, dürfen Unternehmen, die sich lediglich selbst prüfen, nur den reinen Buchstaben ohne das Suffix „+" verwenden.[92]

---

[91] Vgl. https://www.globalreporting.org/resourcelibrary/German-Application-Level-Table.pdf, Abrufam 20.12.2011.
[92] Vgl. https://www.globalreporting.org/languages/german/Pages/ Nachhaltigkeitsberichterstattung.aspx, Abruf am 20.12.2011.

Anforderungen	Punkte
Im Bericht wird die Auszeichnung A+ oder B+ veröffentlicht, welche ausschließlich durch die externe Prüfung der GRI zu erhalten ist.	3
Im Bericht wird die Auszeichnung A, B oder C+ publiziert.	1
Die Anforderungen werden nicht hinreichend erfüllt bzw. liegen keine Angaben zu diesem Punkt vor.	0

6.4.2 Soziale Anforderungen

6.4.2.1 Aus- und Weiterbildung

Sowohl in der Industrie als auch in Dienstleistungsbranchen ist die Leistungsfähigkeit der Mitarbeiter einer der wichtigsten Faktoren für nachhaltigen wirtschaftlichen Erfolg – nicht umsonst ist bisweilen von „Humankapital" die Rede. Deshalb ist es von zentraler Bedeutung, Qualität und Qualifikation der Mitarbeiter dauerhaft zu sichern und an die sich gerade in der Informationsgesellschaft kontinuierlich wandelnden Rahmenbedingungen anzupassen. Ein Portfolio aus verschiedensten Aus- und Weiterbildungsmaßnahmen erlaubt es einem Unternehmen, seine Wettbewerbsfähigkeit zu behaupten bzw. zu steigern.[93]

---

[93] Vgl. Sausele-Bayer, I. (2011) S. 147.

Anforderungen	Punkte
Das Unternehmen berichtet ausführlich über die Entwicklung der Aus- und Weiterbildungsmöglichkeiten. Der Bericht enthält neben Angaben zu den verschiedenen Ausbildungsberufen auch die jeweilige Anzahl der Auszubildenden. Im Bereich Weiterbildung informiert das Unternehmen nicht nur über die Bedarfsermittlung sowie die Ausgestaltung der angebotenen Weiterbildungsmaßnahmen, sondern auch darüber, inwieweit diese Programme genutzt werden. Idealerweise geschieht dies im Rahmen einer quantitativen bzw. grafischen Gegenüberstellung der Werte aus dem Berichtsjahr und dem Vorjahr.	3
Die Anforderungen werden nur zum Teil erfüllt. Der Bericht enthält aber mindestens die quantitativen Angaben zum Aus- und Weiterbildungsspektrum.	1
Die Anforderungen werden nicht hinreichend erfüllt bzw. liegen keine Angaben zu diesem Punkt vor.	0

6.4.2.2 Vergütungssysteme

Das eine richtige Vergütungssystem existiert in der Praxis nicht, da Vergütung grundsätzlich eine Frage des Angemessenheits- und Gerechtigkeitsempfindens ist. Immer häufiger versuchen Unternehmen allerdings, diesem Empfinden zu entsprechen, indem sie eine Einteilung der Vergütung in einen festen und einen variablen – d.h., von der individuellen Leistung und/oder vom Erfolg des Unternehmens abhängigen – variablen Teil vornehmen.[94] Bei der Frage nach der Angemessenheit darf es derweil nicht ausschließlich um Tarifverträge und Mindestentlohnung gehen; gerade vor dem Hintergrund der durch die „Finanzkrise" 2008/09 aufgekommenen gesellschaftlichen Diskussion müssen auch die Bezüge und Boni des Managements zur Sprache kommen.[95] Neben der monetären Vergütung kann ein Unternehmen zudem betriebliche Zusatzleistungen oder Mitarbeiterbeteiligungen anbieten.

---

[94] Vgl. Drumm, H. J. (2005) S. 587.
[95] Vgl. Bontrup, H.-J. (2008) S. 154.

Anforderungen	Punkte
Der Bericht liefert einen umfassenden Überblick über die Vergütungspolitik des Unternehmens im Berichtsjahr sowie im Vorjahr. Enthalten sind detaillierte Informationen zur Höhe und Angemessenheit der Löhne und Gehälter sowie Angaben, die eine Beurteilung der Angemessenheit der Managementvergütung erlauben. Des Weiteren werden die im Berichtsjahr angebotenen Zusatzleistungen kommuniziert, einschließlich notwendiger Informationen darüber, inwieweit bzw. von welchen Anspruchsgruppen innerhalb des Unternehmens diese tatsächlich gewährt bzw. wahrgenommen wurden.	3
Das Unternehmen berichtet nicht über die Vergütungspolitik auf Managementebene. Der Bericht gibt lediglich Aufschluss über die vom Unternehmen angebotenen Zusatzleistungen im Unternehmen und deren exakte Verteilung im Berichtsjahr.	1
Die Anforderungen werden nicht hinreichend erfüllt bzw. liegen keine Angaben zu diesem Punkt vor.	0

6.4.2.3 Arbeits- und Gesundheitsschutz

Laut den Vereinten Nationen ist die menschliche Gesundheit ein generelles Menschen- und Grundrecht.[96] Mithin muss von jedem Unternehmen erwartet werden, dass es für die Gesundheit seiner Mitarbeiter Sorge trägt – wenn nicht aus ethischen Erwägungen, dann zumindest deshalb, weil der wirtschaftliche Erfolg maßgeblich vom Erhalt des unternehmerischen Humankapitals abhängig ist: Psychisch und physisch gesunde Mitarbeiter zählen zu den wichtigsten Ressourcen im Unternehmen.[97]

Neben dem Gesundheitsschutz sollten Unternehmen folglich auch die Gesundheitsförderung in ihre Personalstrategie integrieren. Auf diese Weise sind Mitarbeiter

---

[96] Vgl. http://www.auswaertigesamt.de/cae/servlet/contentblob/360806/ publicationFile/3618/IntSozialpakt.pdf, Artikel 12, Abruf am 20.12.2011.
[97] Vgl. Jonker, J., Stark, W., Tewes, S. (2011) S. 106.

motivierter und krankheitsbedingte Fehlzeiten werden reduziert, was letztendlich zur Kostensenkung und Produktivitätssteigerung im Unternehmen führt.[98]

Anforderungen	Punkte
Das Unternehmen berichtet ausführlich über die generelle Einstellung zur Gesundheitspolitik im Betrieb. Im Bericht werden detaillierte Angaben zu Maßnahmen und zur Wahrung des Arbeits- und Gesundheitsschutzes gemacht. In Unternehmen, die mit gefährlichen Stoffen arbeiten (etwa im Chemie-Sektor), ist zudem eine Übersicht der möglichen Berufskrankheiten und die entsprechenden Prophylaxe- und Präventionsmaßnahmen vorzulegen. Des Weiteren veröffentlicht das Unternehmen Zahlen zu Arbeitsunfällen und krankheitsbedingten Ausfalltagen, jeweils mit einem Vorjahresvergleich.	3
Der Bericht enthält mindestens quantitative Angaben zu Arbeitsunfällen und Krankheitstagen (mit Vorjahresvergleich) sowie eine Erläuterung der allgemeinen Gesundheitspolitik des Unternehmens.	1
Die Anforderungen werden nicht hinreichend erfüllt bzw. liegen keine Angaben zu diesem Punkt vor.	0

6.4.2.4 Mitarbeiterzufriedenheit

In der Literatur werden zwei Definitionsansätze zur Mitarbeiterzufriedenheit besonders hervorgehoben. Einerseits wird Mitarbeiterzufriedenheit als eine Einstellung zur Arbeit verstanden, andererseits als eine auf das Arbeitsumfeld bezogene Einstellung auf Basis eines Soll-Ist-Vergleichs, wobei sich das Soll auf das erhoffte und das Ist auf das tatsächliche Umfeld bezieht. Diese zwei Perspektiven schließen sich keinesfalls aus, sondern erst in Verbindung beider Definitionsansätze entsteht ein vollständiges Bild von Mitarbeiterzufriedenheit.[99]

---

[98] Vgl. Biendarra, I., Weeren, M. (2009) S. 148.
[99] Vgl. Stock-Homburg, R. (2000) S. 17ff.

Da die Zufriedenheit der Belegschaft einen nicht unerheblichen Einfluss auf die Produktivität und die Zuverlässigkeit des Unternehmens darstellt, ist die kontinuierliche Messung und Bewertung dieses Faktors eine Hauptaufgabe des Personalcontrollings.[100]

Anforderungen	Punkte
Im Bericht sind sämtliche Maßnahmen zur Wahrung und Förderung der Mitarbeiterzufriedenheit abgebildet. In diesem Zusammenhang enthält der Bericht die Fluktuationsrate des Unternehmens für den Berichtszeitraum und das Vorjahr. Außerdem wird detailliert erläutert, welche Möglichkeiten das Unternehmen Mitarbeitern bietet, um Kritik, Anregungen und Verbesserungsvorschläge zu äußern und um Konflikte zu lösen. Zusätzlich gibt das Unternehmen Auskunft über die Auswertung und Weiterverwendung dieser Daten.	3
Der Bericht enthält lediglich Angaben zur Behandlung von Anregungen und Kritik seitens der Mitarbeiter, jedoch keine Erläuterungen zur Auswertung und Weiterverwendung dieser Informationen.	1
Die Anforderungen werden nicht hinreichend erfüllt bzw. liegen keine Angaben zu diesem Punkt vor.	0

6.4.2.5 Chancengleichheit

Die postmoderne Gesellschaft ist heterogen und demzufolge sollte auch die Belegschaft eines Unternehmens vielfältig sein. Die International Labour Organization formulierte bereits 1960 eine Charta zur Chancengleichheit. Darin wird erläutert, dass eine Differenzierung, Ausschließung oder Bevorzugung der Belegschaft aufgrund des Geschlechts, der Rasse, der Hautfarbe, des Glaubens, der Herkunft oder der politischen Meinung zu einer ungleichen Behandlung oder Beeinträchtigung im Beruf führt.[101]

---

[100] Vgl. Weber, M. (2006) S. 101.
[101] CHARTA International Labour Organization (ILO 1960)

Gleichzeitig kann davon ausgegangen werden, dass sämtliche Maßnahmen, die zur Aufrechterhaltung und Unterstützung der Chancengleichheit in einem Unternehmen getroffen werden, für das Unternehmen ein bedeutendes Instrument darstellen, um die Relevanz von gesellschaftlicher Verantwortung zu zeigen.[102]

Anforderungen	Punkte
Der Bericht gibt Aufschluss über die Grundsätze zur Gewährleistung der Gleichbehandlung aller Mitarbeiter. Des Weiteren veröffentlicht das Unternehmen Maßnahmen und Strategien zur Wahrung dieser Grundsätze. Im Speziellen stellt das Unternehmen für die letzten drei Jahre neben dem Anteil weiblicher Beschäftigter im gesamten Unternehmen auch die Frauenquote im mittleren und oberen Management sowie die auf die Gesamtbelegschaft bezogene Schwerbehindertenquote dar. Abgerundet wird der Bericht durch Angaben zur Altersstruktur im Unternehmen.	3
Im Bericht werden die Grundsätze zur Gleichbehandlung detailliert erläutert. Des Weiteren wird mindestens die Entwicklung des Frauenanteils – insgesamt sowie in der Unternehmensführung – für die letzten drei Jahre ausgewiesen..	1
Die Anforderungen werden nicht hinreichend erfüllt bzw. liegen keine Angaben zu diesem Punkt vor.	0

6.4.2.6 Soziale Verantwortung in der Lieferkette

Die soziale Verantwortung in der Lieferkette stellt eine externe Form von CSR dar und ist vor allem bei Unternehmen mit Zuliefern aus Entwicklungs- und Schwellenländern von enormer Bedeutung. Häufig wird soziale Verantwortung entlang der Wertschöpfungskette gleichgesetzt mit der Wahrung der Menschenrechte und dem Schutz vor Kinderarbeit.[103] Jedoch umfasst diese Verantwortung ferner auch die Einhaltung von Arbeits- und Gesundheitsschutz betreffende Maßnahmen sowie eine

---

[102] Vgl. Jonker, J., Stark, W., Tewes, S. (2011) S. 74.
[103] Vgl. Bader, I. (2010) S. 16.

angemessene Vergütung. Unternehmen sind angehalten, die eigenen Ansprüche und Werte auf die Lieferkette zu übertragen.

Anforderungen	Punkte
Der Bericht gibt Aufschluss über die Einhaltung und Umsetzung der Arbeits- und Sozialstandards gemäß den sozialen Prinzipien des UN-Global Compact[104] und der ILO[105]-Kernarbeitsnormen (Schutz der Menschenrechte, Gewährleistung der Verhandlungsfreiheit, Abschaffung von Zwangs- und Kinderarbeit sowie Schutz vor Diskriminierung und Bekämpfung von Korruption). Außerdem wird dargestellt, mit welchen Maßnahmen bzw. Eskalationsstufen die Nichteinhaltung dieser Standards sanktioniert ist.	3
Im Bericht wird die Art und Umsetzung der Arbeits- und Sozialstandards umfassend erläutert, während auf den Umgang mit Fehlverhalten jedoch nicht eingegangen wird.	1
Die Anforderungen werden nicht hinreichend erfüllt bzw. liegen keine Angaben zu diesem Punkt vor.	0

6.4.3 Ökologische Anforderungen

6.4.3.1 Umwelt- und Klimaschutz

Der Umwelt- und Klimaschutz zählt zu den größten Herausforderungen der Menschheit – und damit auch der Wirtschaft. Umweltschutz fordert zunächst die Eliminierung oder zumindest die weitgehende Reduktion aller existierenden und in Zukunft möglichen Gefahren für die Umwelt.[106] Damit einhergehend ist ein globales Verständnis für den lebensbedrohlichen Klimawandel notwendig. Da die Verantwortung für den Klimawandel zu weiten Teilen produzierenden Unternehmen zugeschrieben wird, ist es umso wichtiger, dass Unternehmen den Schaden durch ein verstärktes

---

[104] Vgl. http://www.unglobalcompact.org/docs/languages/german/de-factsheet-global-compact.pdf, Abruf am 21.12.2011.
[105] Die International Labour Organization ist eine Sonderorganisation der Vereinten Nationen.
[106] Vgl. Jonker, J., Stark, W., Tewes (2011) S. 200.

Verantwortungsbewusstsein und daraus resultierend konkrete Maßnahmen so weit wie möglich minimieren.[107]

Anforderungen	Punkte
Das Unternehmen stellt im Bericht ausführlich seine Interpretation von Umwelt- und Klimaschutz und erläutert seine Umwelt-Strategie – einschließlich konkreter Ziele. Des Weiteren berichtet das Unternehmen detailliert über aktive Maßnahmen und Programme zur Zielerreichung. Zudem veröffentlicht das Unternehmen im Rahmen eines Vorjahresvergleichs Angaben zum CO_2-Aufkommen sowie zu weiteren relevanten Emissionen von Treibhausgasen.	3
Das grundsätzliche Verständnis des Unternehmens zum Klima- und Umweltschutz wird erläutert. Im Bericht wird die Entwicklung des CO_2-Aufkommens und weiterer Treibhausgas-Emissionen für die letzten zwei Jahre dargelegt.	1
Die Anforderungen werden nicht hinreichend erfüllt bzw. liegen keine Angaben zu diesem Punkt vor.	0

6.4.3.2 Energieeffizienz

Energieeffizienz steht für eine sparsame, rationelle und effiziente Nutzung von Energie im Hinblick auf den Energieeinsatz für eine Energiedienstleistung.[108] Die Energieeffizienz für die jeweilige Energiedienstleistung steigt durch sinkende Energieverluste bei der Gewinnung, Nutzung, Umwandlung und Verteilung von Energieträgern.[109] Da die globale Nachfrage nach Energie kontinuierlich steigt, stehen Unternehmen nicht nur in wirtschaftlicher, sondern auch in gesellschaftlicher Verantwortung, die Energieeffizienz zu erhöhen und auf diese Weise sowohl natürliche als auch finanzielle Ressourcen zu schonen.[110]

---

[107] Vgl. Jonker, J., Stark, W., Tewes (2011) S. 129.
[108] Vgl. Reiche, D. (2005) S. 191.
[109] Vgl. http://www.bmu.de/energieeffizienz/kurzinfo/doc/37891.php, Abruf am 05.12.2011.
[110] Vgl. Pehnt, M. (2010) S. 2.

Anforderungen	Punkte
Der Bericht enthält ausführliche Angaben zur Energieeffizienz im Unternehmen sowie detaillierte Erläuterungen sämtlicher zur Erhöhung der Effizienz ergriffener Maßnahmen. Des Weiteren liefert der Bericht sowohl für die Berichts- als auch die Vorperiode quantitative Auskünfte über den gesamten Energieeinsatz im Unternehmen sowie eine Segmentierung der korrespondierenden Energieträger.	3
Der Bericht enthält mindestens Angaben zum Gesamt-Energieverbrauch im Berichtsjahr und im Jahr zuvor.	1
Die Anforderungen werden nicht hinreichend erfüllt bzw. liegen keine Angaben zu diesem Punkt vor.	0

6.4.3.3 Abfallmanagement

Das Abfallmanagement beschäftigt sich neben der Entstehung der einzelnen Abfallarten auch mit der Abwicklung der Entsorgung und Aufbereitung.[111] Dabei ist dieser Themenkomplex nicht nur ökologisch bedeutsam, sondern auch aus ökonomischer Perspektive relevant – intelligente Systeme zur Wertstoffrückgewinnung schonen zwar einerseits die Umwelt, sondern bieten andererseits aber auch Kostenvorteile.

---

[111] Vgl. Krinn, H., Meinholz, H. (1997) S. 365.

Anforderungen	Punkte
Der Bericht erläutert umfassend das betriebliche Abfallmanagement und geht dabei besonders auf die generelle Verwertungspolitik und die Maßnahmen zur Verminderung des Abfallaufkommens ein. Insbesondere enthält der Bericht folgende Zahlenangaben für das bestehende Jahr sowie für das Vorjahr: – Abfall gesamt – Abfall verwertbar – Gefährlicher Abfall (Erläuterung und Zahlenbelege) – Entsorgungsart	3
Der Bericht enthält lediglich Angaben zum Gesamtabfall mit Vorjahresvergleich und führt zudem gefährliche Abfallarten und deren Entsorgung auf.	1
Die Anforderungen werden nicht hinreichend erfüllt bzw. liegen keine Angaben zu diesem Punkt vor.	0

6.4.3.4 Wasserverbrauch und Abwassermenge

Wasser ist nicht nur lebensnotwendig für jedes Individuum, sondern darüber hinaus auch fester Bestandteil vieler Produktionsprozesse. Dabei ist Wasser anders als die meisten Rohstoffe nicht substituierbar, weshalb es umso wichtiger ist, mit diesem knappen Gut möglichst schonend umzugehen.[112] Langfristiges Ziel eines jeden Unternehmens sollte sein, nicht nur den Wasserverbrauch kontinuierlich zu senken, sondern gleichzeitig so zu agieren, dass die vorhandenen Wasserreserven auch für nachfolgende Generationen erhalten bleiben. Um dieses Ziel zu erreichen, müssen Unternehmen ihren Wasserverbrauch detailliert analysieren und geeignete Maßnahmen zur Erhöhung der Verbrauchseffizienz und der Wiederaufbereitungsquote ergreifen.[113]

---

[112] Vgl. Wilhelmi, D., Vaupel, M. (2007) S. 214.
[113] Vgl. WEKA Media (2004) S. 38.

Anforderungen	Punkte
Der Bericht enthält Zahlenangaben zum Gesamtwasserverbrauch mit Vorjahresvergleich sowie einen verständlich erläuterten Maßnahmenkatalog zur stetigen Reduzierung des Wasserverbrauchs. Da in produzierenden Unternehmen der Wasserverbrauch grundsätzlich andere Dimensionen einnimmt als etwa im Dienstleistungssektor, sind diese angehalten zusätzliche Informationen in ihrem Bericht zu veröffentlichen: Produzierende Unternehmen publizieren detaillierte Angaben zu den Wasserquellen sowie eine übersichtliche Darstellung der Abwasserarten und -mengen.	3
Das Unternehmen veröffentlicht in seinem Bericht Zahlenangaben zum Gesamtwasserverbrauch mit Vorjahresvergleich. Produzierende Unternehmen legen zusätzlich ihren Maßnahmenkatalog zur Verminderung des Wasserverbrauchs im Bericht offen.	1
Die Anforderungen werden nicht hinreichend erfüllt bzw. liegen keine Angaben zu diesem Punkt vor.	0

6.4.3.5 *Papierverbrauch*

Die Idee des papierlosen Büros aus dem Jahr 1970 bleibt auch in Zukunft nur eine Utopie. Tatsächlich hat sich durch die Digitalisierung der gesamte Papierverbrauch seit 1970 verdreifacht und eine Reduzierung liegt noch in weiter Ferne.[114] Da die Verminderung des Papieraufkommens nicht sofort herbeigeführt werden kann, ist zumindest eine Umstellung auf Recycling-Papier empfehlenswert. Nahezu jedes Unternehmen kann an dieser Stelle durch den Einsatz wiederverwertbaren Papiers seinen Beitrag zum Schutz der Wälder leisten.

---

[114] Vgl. Strange, T., Bayley, A. (2008) S. 82.

Anforderungen	Punkte
Der veröffentlichte Bericht enthält genaue Angaben zum gesamten Papierverbrauch sowohl für das Berichtsjahr als auch für das Vorjahr. Des Weiteren gibt der Bericht Aufschluss über den Anteil an Recycling-Papier am Gesamtverbrauch für die letzten zwei Jahre. Zudem wird durch den Bericht deutlich, welche Maßnahmen das Unternehmen zur Reduktion des Papierverbrauchs ergreift.	3
Der Bricht enthält Angaben zum Gesamt-Papierverbrauch für das Erscheinungsjahr des Berichts sowie für das Jahr zuvor.	1
Die Anforderungen werden nicht hinreichend erfüllt bzw. liegen keine Angaben zu diesem Punkt vor.	0

6.4.3.6 Ökologische Verantwortung in der Lieferkette

Die ökologische Verantwortung in der Lieferkette stellt eine weitere externe Form von CSR dar und ist vor allem bei Unternehmen mit Zuliefern aus Entwicklungs- und Schwellenländern von enormer Bedeutung. Unternehmen sind daher aufgefordert, klar definierte ökologische Standards an die gesamte Wertschöpfungskette weiterzugeben und die Relevanz zu erläutern. Zu diesen Standards zählen vorrangig der Schutz der Umwelt und des Klimas, überdies sollte aber auch der schonende Umgang mit weiteren Ressourcen übermittelt werden.

Anforderungen	Punkte
Das Unternehmen erläutert, wie seine Umweltstandards in der gesamten Lieferkette umgesetzt werden, wobei die Lieferkette sowohl die direkten Lieferanten als auch die Vorlieferanten des Unternehmens umfasst. Außerdem wird dargestellt, wie die Einhaltung der Standards überprüft wird und wie bei Nichteinhaltung reagiert wird (Sanktionen).	3
Im Bericht wird die Einhaltung und Umsetzung der Umweltstandards erläutert, jedoch sind keine Angaben zu Sanktionen bei Nichteinhaltung zu finden.	1
Die Anforderungen werden nicht hinreichend erfüllt bzw. liegen keine Angaben zu diesem Punkt vor.	0

6.4.4 Gesellschaftliche Anforderungen

„Unternehmerisches Bürgerengagement" oder „gesellschaftliches Engagement von Unternehmen" ist hierzulande auch als Corporate Citizenship bekannt. Obwohl gesellschaftliches Engagement in deutschen Unternehmen einen immer höheren Stellenwert einnimmt, existiert bis heute keine eindeutige Begriffsdefinition.[115]

Prinzipiell beschreibt Corporate Citizenship alle gemeinnützigen Aktivitäten, die über die aktive Geschäftstätigkeit eines Unternehmens hinausgehen. Oberstes Ziel ist, die Unterstützung und Förderung von sozialen Projekten mit den unternehmenseigenen Interessen zu verknüpfen.[116]

6.4.4.1 Corporate Giving

Unter Corporate Giving werden im Deutschen Unternehmensspenden verstanden, welche einen Teilbereich des Corporate Citizenship darstellen.[117] Das freiwillige Überlassen von Finanz- oder Sachleistungen ohne Forderung einer Gegenleistung

---

[115] Vgl. Wanzel, C. (2010) S. 291.
[116] Vgl. Fueglistaller, U. (2008) S. 487.
[117] Vgl. Jonker, J., Stark, W., Tewes, S. (2011) S. 82.

stellt die klassische Form des gesellschaftlichen Engagements von Unternehmen dar.[118] Unternehmen, die Corporate Giving in ihre Unternehmensstrategie integrieren, zeigen damit, dass sie privates Eigentum und wirtschaftlichen Erfolg auch als Verpflichtung gegenüber der Gesellschaft interpretieren.

Anforderungen	Punkte
Die wichtigsten Projekte und Einrichtungen, für die das Unternehmen spendet, werden im Bericht ausführlich erläutert. Hinzu kommt eine segmentierte Darstellung aller Spenden-Aktivitäten und der entsprechenden Beträge.	3
Der Bericht enthält quantitative Angaben zu den Spenden, die das Unternehmen im Berichtsjahr geleistet hat; qualitative Ausführungen fehlen jedoch.	1
Die Anforderungen werden nicht hinreichend erfüllt bzw. liegen keine Angaben zu diesem Punkt vor.	0

6.4.4.2 Social Sponsoring

Social Sponsoring ist neben Corporate Giving ein weiterer wichtiger Bestandteil des Corporate Citizenships. Sponsoring ist ein vertragliches Geschäft, welches nicht nur eine Leistung, sondern auch eine Gegenleistung voraussetzt.[119] Zu den Leistungen zählen Förderungen in Form von Geld, Sachanlagen oder Dienstleistungen. Unter Social Sponsoring werden vor allem Förderungen von Individuen, Gruppen, Organisationen und Institutionen in den Bereichen Bildung, Gesundheit, Umweltschutz und Wissenschaft verstanden.[120] Unternehmen, die Sponsoring-Aktionen unterstützen, bekräftigen einerseits ihr Verantwortungsbewusstsein gegenüber der Gesellschaft, setzen andererseits aber auch auf die imagefördernde Wirkung von Sponsoring.[121]

---

[118] Vgl. Müller-Christ, G., Rehm, A. (2010) S. 29.
[119] Vgl. Fundraising Akademie (2008) S. 447.
[120] Vgl. Berndt, R. (2005) S. 156.
[121] Vgl. Jonker, J., Stark, W., Tewes, S. (2011) S. 183.

Anforderungen	Punkte
Die wichtigsten Projekte, Einrichtungen und Veranstaltungen, bei denen das Unternehmen als Sponsor agiert, werden im Bericht ausführlich erläutert. Hinzu kommt eine segmentierte Darstellung aller Sponsoring-Aufwendungen und der entsprechenden Beträge.	3
Der Bericht enthält Angaben zur Höhe des Sponsoring-Beitrags insgesamt.	1
Die Anforderungen werden nicht hinreichend erfüllt bzw. liegen keine Angaben zu diesem Punkt vor.	0

6.4.4.3 Corporate Volunteering

Corporate Volunteering ist ein weiterer Teilbereich vom Corporate Citizenship. Corporate Volunteering steht für eine freiwillige Beteiligung von Mitarbeitern an gemeinnützigen Projekten im kulturellen, ökologischen und sozialen Bereich und die damit verbundene Unterstützung des Unternehmens. Kennzeichnend für eine solche Unterstützung seitens des Unternehmens ist die Freistellung des gemeinnützigen Arbeitnehmers von den Aufgaben im Unternehmen.[122] Mit der Integration von Corporate Volunteering in die Unternehmensstrategie bekennt sich das Unternehmen nicht nur selbst zu gesellschaftlicher Verantwortung, sondern fordert und fördert auch das soziale Engagement seiner Mitarbeiter.[123]

---

[122] Vgl. Jonker, J., Stark, W., Tewes, S. (2011) S. 88.
[123] Vgl. Walter, B.-L. (2010) S. 166.

Anforderungen	Punkte
Im Bericht wird detailliert über die grundsätzliche Einstellung des Unternehmens zu Corporate Volunteering informiert. Parallel veröffentlicht das Unternehmen ausführliche Informationen zu den in der Berichtsperiode unterstützten Volunteering-Projekten.	3
Das Unternehmen berichtet über die generelle Einstellung zu Corporate Volunteering.	1
Die Anforderungen werden nicht hinreichend erfüllt bzw. liegen keine Angaben zu diesem Punkt vor.	0

6.4.5 Qualitative Anforderungen

6.4.5.1 Glaubwürdigkeit

Die Sicherstellung der Glaubwürdigkeit stellt einen wichtigen Aspekt der Nachhaltigkeitsberichterstattung dar.[124] In den aktuellen Zeiten ist es für ein Unternehmen sehr wichtig, das Vertrauen aller Stakeholder zu gewinnen bzw. zu erhalten. Um das Vertrauen in die nachhaltigen Aktivitäten zu steigern ist es empfehlenswert für Unternehmen, diese einer externen Prüfung zu unterziehen. Offenheit ist eine der größten Voraussetzungen für Glaubwürdigkeit. Deshalb sollen Unternehmen nicht nur über positive Ziel-Erreichung berichten, sondern auch negative Zugeständnisse machen.

---

[124] Vgl. Isenmann, R. (2008) S. 260.

Anforderungen	Punkte
Der Bericht beinhaltet eine ausführliche Stellungnahme der Geschäftsleitung zur Verbindung zwischen wirtschaftlicher Unternehmensstrategie und Nachhaltigkeitsstrategie. Außerdem werden wesentliche Erfolge und Misserfolge aus dem Berichtsjahr beleuchtet. Überdies wurde der Bericht unternehmensextern geprüft, wobei die entsprechende Zertifizierung im Bericht enthalten ist.	3
Der Bericht enthält eine Stellungnahme bzw. ein Vorwort der Geschäftsleitung, in dem auf den Zusammenhang zwischen Nachhaltigkeitsstrategie und Geschäftsstrategie eingegangen wird. Außerdem hat das Unternehmen seinen Bericht einer externen Prüfung unterzogen und veröffentlicht im Bericht die entsprechende Zertifizierung darüber.	1
Die Anforderungen werden nicht hinreichend erfüllt bzw. liegen keine Angaben zu diesem Punkt vor.	0

6.4.5.2 Anschaulichkeit

Um die im Nachhaltigkeitsbericht verankerten Informationen an die Anspruchsgruppen zu vermitteln, ist es von großer Bedeutung, den Bericht sowohl gestalterisch als auch sprachlich klar und strukturiert zu gestalten. Eine durchgängige Logik („roter Faden") hilft überdies beim Vergleich mit anderen Berichten.

Anforderungen	Punkte
Der Bericht bietet: – Klare Gliederung ohne Redundanzen – Allgemeinverständliche Sprache – Komfortables, übersichtliches Layout – Angemessene Schriftgrößen, Farben und Textdarstellungen – Gezielter Einsatz von Visualisierungen	3
Der Bericht überzeugt zwar durch eine klare Gesamtstruktur, gerät jedoch sehr textlastig (wenig Visualisierungen, geringe Anschaulichkeit).	1
Die Anforderungen werden nicht hinreichend erfüllt bzw. liegen keine Angaben zu diesem Punkt vor.	0

6.4.5.3 Klicks

Wie schnell der Nachhaltigkeitsbericht auf einer Unternehmens-Website zu erreichen ist, wird in der Anzahl der Klicks von der Startseite bis hin zum Download des Nachhaltigkeitsberichts festgestellt. Ein Unternehmen zeigt mit der Platzierung, welchen Stellenwert das Thema im Betrieb und in der externen Kommunikation hat.

Anforderungen	Punkte
Es werden maximal drei Klicks zum Download des Berichts benötigt.	1
Der Download des Berichts erfordert mehr als sechs Klicks.	0

6.4.5.4 Verlinkungen

Querverweise verbessern die Lesbarkeit eines Berichts. Dies gilt sowohl für Referenzen innerhalb des Berichts als auch für externe Verlinkungen, etwa auf den Geschäftsbericht, sonstige Publikationen oder auf weiterführende Inhalte im Web-Auftritt des Unternehmens. In Print-Dokumenten sollten diese Querverweise eindeutig bezeichnet sein, in PDF-Dokumenten ist eine „One Klick"-Verlinkung zu den entsprechenden Sprungmarken bzw. Inhalten wünschenswert.

Anforderungen	Punkte
Im Bericht sind Querbezüge sowohl im Bericht selbst als auch außerhalb des Berichts verlinkt und damit schnell zu erreichen.	3
Verlinkungen verweisen entweder auf einen Teil im Bericht oder auf Bereiche außerhalb des Berichts.	1
Die Anforderungen werden nicht hinreichend erfüllt bzw. liegen keine Angaben zu diesem Punkt vor.	0

6.4.5.5 Glossar

Ein Nachhaltigkeitsbericht enthält unternehmens- und nachhaltigkeitsspezifische Fachbegriffe. Um eine einfache Verständlich- und Lesbarkeit des Nachhaltigkeitsberichts zu gewährleisten, ist es hilfreich, ein Glossar in den Bericht zu integrieren.

Anforderungen	Punkte
Sämtliche Fachbegriffe bzw. vermeintliche Fachbegriffe werden erläutert.	3
Der Bericht verfügt nicht über ein Glossar.	0

6.5 Auswertung

6.5.1 Auswertung des Gesamt-Rankings

Von den 30 im DAX vertretenen Unternehmen wurden nur 26 bei der Bewertung berücksichtigt. Fresenius, Fresenius Medical Care und Infineon veröffentlichen keinen Nachhaltigkeitsbericht und fallen deswegen zwangsläufig heraus. Überdies wurde SAP vom Ranking ausgeschlossen, da die Gesellschaft ausschließlich einen rein web-basierten Bericht zur Verfügung stellt.

	Gesamtergebnis (Ranking-Punkte)	Allgemeine Anforderungen						Gesellschaftliche Anforderungen							Ökologische Anforderungen							Soziale Anforderungen				Qualitative Anforderungen					
		Kennzahlen	Unternehmensbereiche	Nachhaltigkeitsstrategie	Zielvereinbarungen	Stakeholder Management	GRI	Punktsumme (nach Multiplikator)	Aus- und Weiterbildung	Vergütungssysteme	Arbeits- und Gesundheitsschutz	Mitarbeiterzufriedenheit	Chancengleichheit	Soziale Verantwortung in der Lieferkette	Punktsumme (nach Multiplikator)	Umwelt- und Klimaschutz	Energieeffizienz	Abfallmanagement	Wasserverbrauch und Abwassermenge	Papierverbrauch	Ökologische Verantwortung in der Lieferkette	Punktsumme (nach Multiplikator)	Corporate Giving	Corporate Sponsoring	Corporate Volunteering	Punktsumme (nach Multiplikator)	Glaubwürdigkeit	Anschaulichkeit	Klicks	Verlinkungen	Glossar	Punktsumme (nach Multiplikator)
01 Daimler	1150	3	1	3	3	3	3	320	3	1	3	1	3	3	350	3	3	1	3	0	3	325	1	1	3	125	1	3	1	1	0	30
02 BMW	1110	1	0	3	3	3	1	220	3	1	3	1	3	3	350	3	3	3	3	0	3	375	3	3	0	150	1	1	0	1	0	15
03 Bayer	1050	3	3	1	3	3	3	320	1	3	1	1	3	3	300	3	1	3	3	0	3	325	1	1	0	50	3	3	1	3	1	55
04 K+S	1005	3	1	3	3	3	1	280	3	1	1	1	3	3	350	3	3	0	0	1	3	250	3	1	0	100	0	3	1	0	1	25
05 Dt. Telekom	1005	3	1	3	3	3	3	320	1	1	3	1	3	0	225	3	3	1	1	0	0	200	3	3	3	225	1	3	1	1	1	35
06 Commerzbank	975	1	0	3	3	3	3	260	1	1	0	0	3	1	150	3	3	3	3	3	0	375	3	1	3	175	0	1	1	1	1	15
07 Deutsche Post	955	1	1	3	3	3	1	240	3	0	3	3	3	1	325	3	3	0	0	3	1	250	1	1	3	125	1	1	0	1	0	15
08 Merck	785	3	1	1	3	3	1	240	0	0	0	3	3	1	175	3	3	1	3	0	1	275	3	0	0	75	1	1	1	0	1	20
09 BASF	780	3	1	1	1	3	3	240	1	3	1	1	1	0	175	3	3	1	0	0	1	250	3	0	1	100	1	1	0	0	1	15
10 Linde	750	3	1	3	3	1	1	240	0	0	1	0	1	1	75	3	3	1	3	0	3	325	3	1	0	100	1	0	1	0	0	10
11 RWE	750	3	1	3	3	3	1	280	0	0	0	0	1	1	50	3	3	0	0	0	1	175	3	3	3	225	1	1	1	1	0	20
12 Volkswagen	735	3	0	3	3	0	3	240	1	0	3	3	3	1	0	200	3	3	1	1	0	0	200	3	0	0	75	3	0	1	0	0	20
13 Deutsche Bank	725	0	0	3	1	1	3	160	1	0	1	1	1	3	175	3	3	1	1	1	0	225	3	0	3	150	0	0	0	3	0	15
14 Lufthansa	725	3	1	3	0	3	0	200	0	0	0	1	3	0	100	3	3	0	0	0	0	175	3	3	3	225	1	1	1	1	1	25
15 Siemens	710	3	0	3	0	0	3	140	0	1	1	1	1	3	175	3	1	3	0	0	3	275	3	0	1	100	1	1	1	1	0	20
16 ThyssenKrupp	630	3	0	3	1	1	1	180	1	0	1	3	0	0	125	3	3	1	3	0	0	250	1	1	0	50	0	0	1	3	1	25
17 MAN	505	1	1	3	3	3	1	240	1	0	0	1	1	0	75	0	3	1	0	0	0	100	1	1	0	50	3	3	1	1	0	40
18 Münch. Rück	505	1	1	3	0	3	1	180	0	0	1	0	1	0	50	3	3	1	1	1	0	200	1	1	0	50	0	0	1	3	1	25
19 E.ON	445	3	0	3	0	0	1	140	0	0	0	1	1	0	50	1	3	1	0	0	3	200	1	1	0	50	1	0	0	0	0	5
20 Beiersdorf	400	1	1	3	0	1	0	120	0	0	1	0	0	0	25	3	3	3	0	0	0	225	1	0	0	25	0	0	1	0	0	5
21 Allianz	390	1	0	1	1	3	1	140	0	0	0	0	1	0	25	1	3	1	1	1	0	175	1	0	0	25	0	1	1	3	0	25
22 Dt. Börse	385	1	1	3	1	3	1	200	1	0	0	0	0	0	25	1	0	0	1	1	0	75	1	1	1	75	0	1	0	1	0	10
23 HeidelCement	365	3	1	3	3	0	0	200	0	1	1	0	1	0	75	3	0	0	0	0	0	75	0	0	0	0	0	1	1	0	1	15
24 Adidas	330	0	0	1	1	3	1	120	0	0	0	1	0	1	50	1	1	0	1	1	1	125	1	0	0	25	0	1	0	1	0	10
25 Henkel	300	0	0	1	1	3	0	100	0	0	1	0	1	0	50	1	1	1	1	1	0	125	0	0	0	0	0	1	1	3	0	25
26 Metro	275	1	0	0	0	1	0	40	0	1	0	1	0	1	75	0	1	1	1	1	1	125	1	0	0	25	0	1	1	0	0	10

Tabelle 4: Ranking-Gesamtergebnis und Einzelwertungen (eigene Darstellung)

Die vorstehende Tabelle zeigt die von den untersuchten Unternehmen erreichten Punkte, absteigend sortiert nach der Gesamtpunktzahl und gegliedert nach den fünf Hauptkategorien, denen jeweils drei bis sechs Wertungsdisziplinen zugeordnet sind.

Konkretere erste Analysen der Ergebnisse ermöglicht die nachstehende Grafik. Diese veranschaulicht, dass die Grundgesamtheit durch das Ranking in drei ungefähr gleich große Gruppen zerfällt. Die sieben Unternehmen der ersten Gruppe erreichen zwischen 975 und 1.150 Punkte entsprechend 62 bis 75 Prozent der Maximalpunktzahl von 1.540 Punkten. Auf den Rängen acht bis 16 folgen – mit bereits gehörigem Abstand zur Spitzengruppe – neun DAX-Konzerne, deren Ergebnisse recht eng beieinander liegen und die mit 630 bis 785 Punkten zwischen 41 und 51 Prozent des Optimums erreichen. Die verbleibenden zehn Unternehmen kommen auf Gesamtwerte zwischen 275 und 505 Punkten, können also lediglich zwischen 18 und 33 Prozent der insgesamt möglichen Punkte erringen.

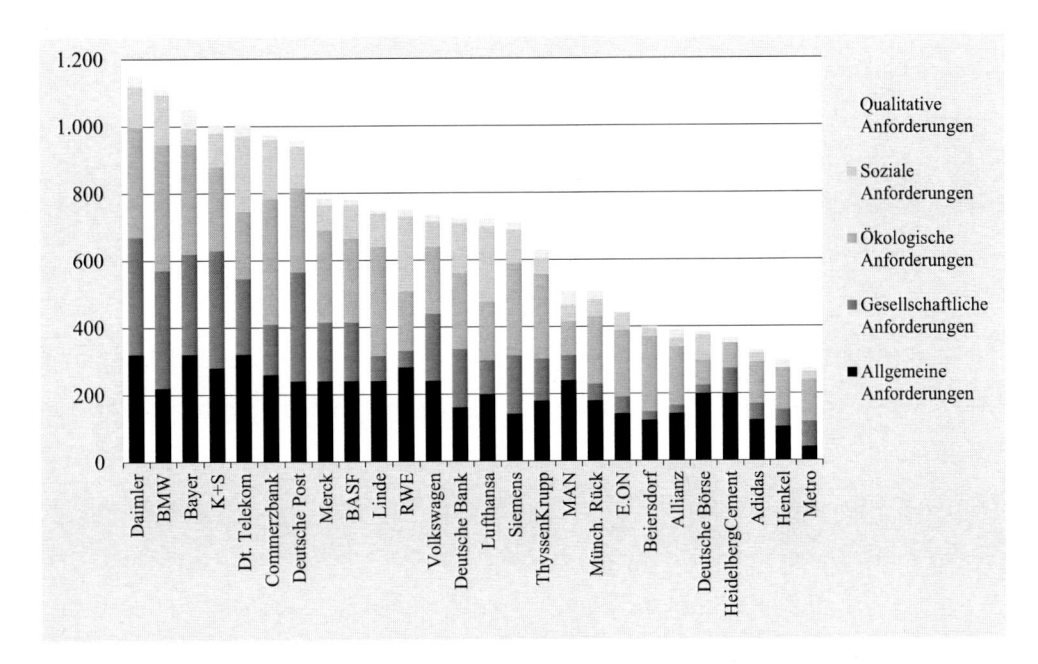

Abbildung 6: Gesamtpunktzahl und Hauptkategorien (eigene Darstellung)

In Summe überspringen nur neun von 26 untersuchten Gesellschaften die Hürde von 770 Punkten – was im Umkehrschluss bedeutet, dass rund zwei Drittel aller Unternehmen weniger als die Hälfte der Anforderungen erfüllt. Auch der Umstand, dass selbst die Bestplatzierten von der Maximalpunktzahl deutlich entfernt sind, signalisiert bereits den generell hohen Optimierungsbedarf in der Nachhaltigkeitsberichterstattung.

Bemerkenswert ist überdies die heterogene Struktur der Ergebnisse. Ein Zusammenhang etwa zwischen Branchenzugehörigkeit und Platzierung lässt sich nur punktuell konstatieren. So wird die Wertung zwar angeführt von Daimler und BMW; der dritte Automobilhersteller im DAX – Volumenmarktführer Volkswagen – rangiert jedoch nur im Mittelfeld. Ungleich größer ist die Streuung der Ranking-Ergebnisse bei den fünf Finanzunternehmen (Commerzbank, Deutsche Bank, Münchener Rück, Allianz und Deutsche Börse), deren Gesamtpunktzahlen zwischen 975 und 385 liegen. Gleichzeitig fällt ins Auge, dass am unteren Ende des Rankings mit Adidas, Henkel und Metro drei Unternehmen liegen, die im B2C-Bereich stark positioniert sind – man hätte erwarten können, dass gerade Markenartikler bemüht sein sollten, ihre Bemühungen im Bereich Nachhaltigkeit offensiv und ausführlich an den Verbraucher zu kommunizieren. Selbiges gilt für den nur leicht besser platzierten Konsumgüterkonzern Beiersdorf auf Rang 20.

Weitere Auffälligkeiten ergeben sich, wenn die Ranking-Ergebnisse mit der Aktionärsstruktur verglichen werden: Mit der Deutschen Telekom, der Commerzbank und der Deutschen Post liegen die drei DAX-Mitglieder, bei denen – entweder direkt oder mittelbar über die bundeseigene KfW-Bankengruppe – die Bundesrepublik Deutschland wesentlicher Anteilseigner ist, allesamt in der Spitzengruppe. Vor dem Hintergrund der Nachhaltigkeitsstrategie der Bundesregierung (siehe 3.5.1) ist durchaus vorstellbar, dass die öffentliche Hand hier auf eine besonders aktive Nachhaltigkeitskommunikation gedrängt hat bzw. weiterhin drängt. Auf Länderebene schlägt sich dies allerdings nicht nieder; Volkswagen – zu 12,7 Prozent im Besitz des Landes Niedersachsen – rangiert deutlich hinter der Spitzengruppe.[125]

Keinen Einfluss auf die Ranking-Platzierung hat hingegen der Umstand, dass manche DAX-Konzerne von Investoren- bzw. Unternehmerfamilien (mit)kontrolliert werden. Zwar belegt mit BMW eine zu 46,3 Prozent in Familienhand (Johanna Quandt und Kinder) liegende Gesellschaft den zweiten Platz; die übrigen Unternehmen mit hohem Anteilsbesitz wesentlicher Familien- oder Stiftungsaktionäre finden sich dagegen entweder wie ThyssenKrupp (zu 25,1 Prozent im Besitz der Alfried Krupp von Bohlen- und Halbach-Stiftung) im Mittelfeld wieder oder belegen sogar – wie der mehrheitlich der Fam. Herz gehörende Beiersdorf-Konzern oder die von den

---

[125] Vgl. Bloomberg Professional – Seite <Equity> PHDC, Abruf am 14.01.2012.

Familien Haniel und Schmidt-Ruthenbeck dominierte Metro-Gruppe – einen der hinteren Ränge.[126]

6.5.2 Auswertung der Hauptkategorien

Wertvolle Erkenntnisse zu den konkreten Stärken und Schwächen einzelner Berichte sowie der Berichterstattung insgesamt liefert die Betrachtung der in den fünf Hauptkategorien jeweils vergebenen Punkte. Dabei wird im Folgenden u. a. auf den „Erfüllungsgrad" der jeweiligen Anforderungen Bezug genommen. Dieser sei hiermit definiert als Quotient zwischen den von einem Unternehmen in einer Kategorie oder insgesamt erreichten Punkten und der korrespondierenden Maximalpunktzahl.

6.5.2.1 Auswertung der allgemeinen Anforderungen

Der Erfüllungsgrad bei den allgemeinen Anforderungen beläuft sich auf 57 Prozent, womit diese Kategorie die höchste durchschnittliche Erfüllungsquote aufweist.

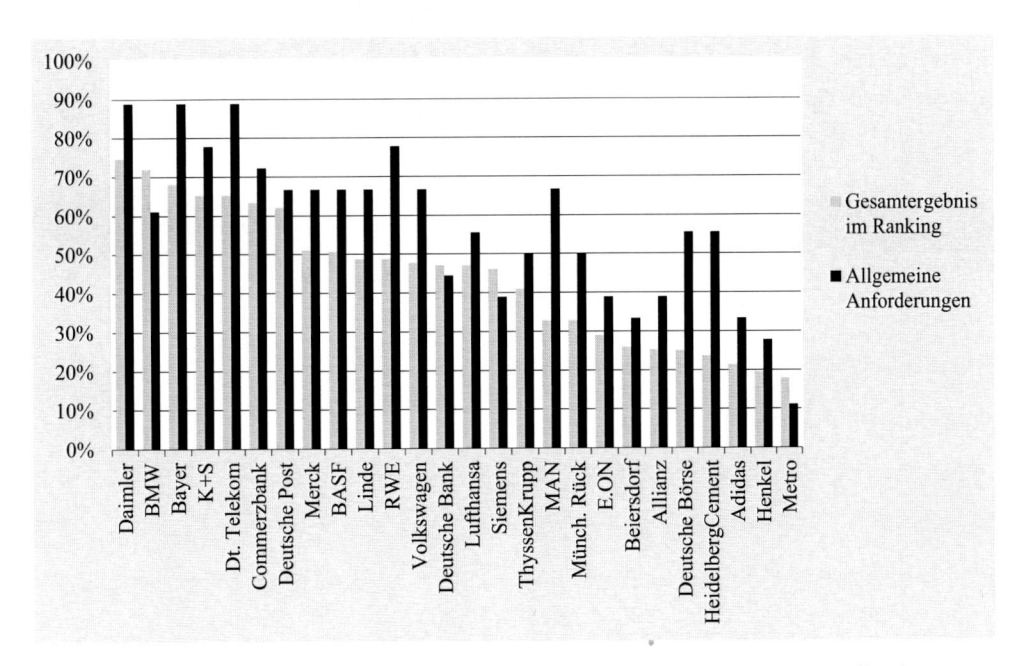

Abbildung 7: Erfüllungsgrad allgemeine Anforderungen vs. Gesamtergebnis (eigene Darstellung)

---

[126] Vgl. Bloomberg Professional – Seite <Equity> PHDC, Abruf am 14.01.2012.

Wie aus der vorstehenden Grafik ersichtlich, kommen 22 von 26 Unternehmen bei den allgemeinen Anforderungen auf einen Erfüllungsgrad, der über ihrem jeweiligen Erfüllungsgrad im Gesamt-Ranking liegt. Besonders signifikant ist die positive Abweichung bei RWE, MAN, der Deutschen Börse und HeidelbergCement, während BMW, die Deutsche Bank, Siemens und Metro als einzige Unternehmen die allgemeinen Anforderungen nicht auf demselben Niveau erfüllen wie die übrigen Kategorien. Absolut gesehen schneiden Daimler, Bayer und die Deutsche Telekom am besten ab – allerdings erreicht auch dieses Trio nur Erfüllungsgrade von knapp 90 Prozent.

Auf Ebene der Einzelkriterien ist auffällig, dass beim Kriterium „Unternehmensbereiche" (siehe 6.4.1.2) lediglich Bayer eine Gliederung seiner Nachhaltigkeitsaktivitäten nach Geschäftssparten vornimmt und somit als einzige Gesellschaft drei Punkte erhält. Zehn Unternehmen können hier sogar überhaupt keine Punkte erringen, so dass mit Blick auf diesen Aspekt generell erheblicher Optimierungsbedarf besteht.

Genau andersherum verhält es sich mit den allgemeinen Informationen zur Nachhaltigkeitsstrategie (siehe 6.4.1.3), wo in 20 von 26 Fällen die Maximalpunktzahl vergeben werden konnte und nur das Gesamtschlusslicht Metro keinerlei Punkte erringt. Die Kommunikation der Grundlagen bewegt sich mithin schon auf einem sehr hohen Niveau, weshalb die Unternehmen sich in den kommenden Jahren auf eine erhöhte Detaillierung fokussieren sollten.

6.5.2.2 Auswertung der sozialen Anforderungen

Mit einem durchschnittlichen Erfüllungsgrad von lediglich 33 Prozent stellen die sozialen Anforderungen diejenige Kategorie des Rankings dar, bei denen die untersuchten Unternehmen insgesamt die schwächste Leistung zeigen. Nur vier von 26 Nachhaltigkeitsberichten kommen in diesem Teilbereich der Auswertung auf einen Erfüllungsgrad, der über ihrer Erfolgsquote im Gesamt-Ranking liegt. Interessanterweise handelt es sich dabei ausschließlich um Gesellschaften, die sich auch in der Gesamt-Betrachtung im ersten Drittel wiederfinden. Dies deutet darauf hin, dass die sozialen Anforderungen ein guter Indikator dafür sind, wo die Nachhaltigkeitsberichterstattung bereits auf einem hohen Niveau angesiedelt ist.

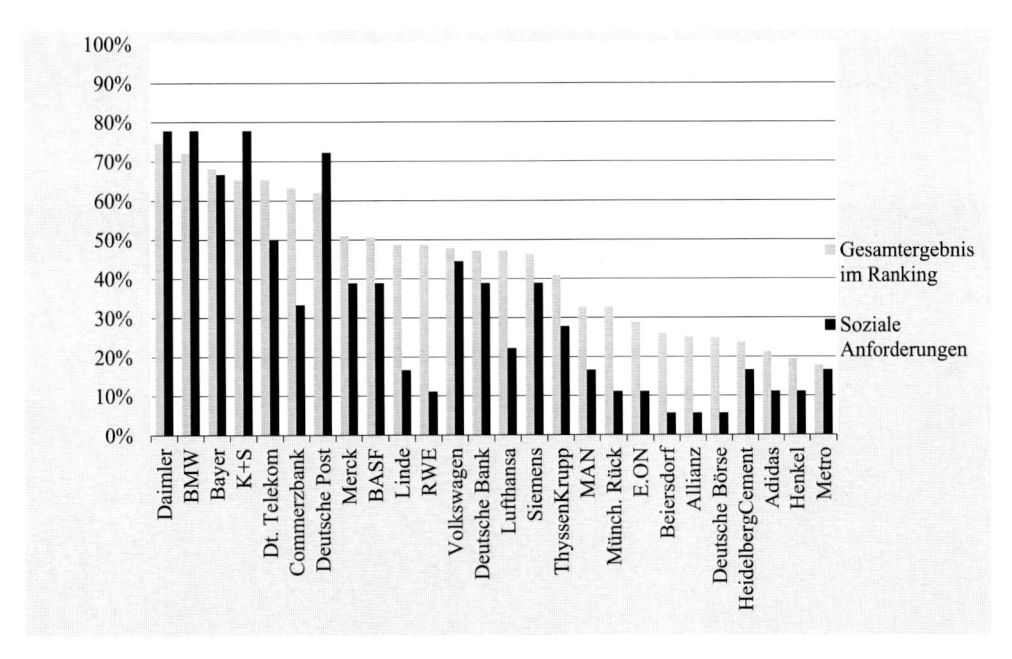

Abbildung 8: Erfüllungsgrad soziale Anforderungen vs. Gesamtergebnis (eigene Darstellung)

Diese relative Outperformance kann allerdings nicht darüber hinwegtäuschen, dass – wie die obenstehende Grafik veranschaulicht – selbst Daimler, BMW, K+S sowie die Deutsche Post mit Erfüllungsgraden zwischen 70 und 80 Prozent noch deutlich vom Optimum entfernt sind. Am größten ist der Handlungsbedarf bei der Kommunikation der sozialen Aspekte indes bei den Unternehmen, die auch im Gesamt-Ranking im letzten Drittel platziert sind: Von MAN (Platz 17 im Gesamt-Ranking) bis Metro (Platz 26 im Gesamt-Ranking) erreicht bei den sozialen Anforderungen kein Unternehmen einen Erfüllungsgrad von über 17 Prozent; die Schlusslichter bilden Beiersdorf, Allianz und die Deutsche Börse, deren Berichterstattung in den sechs Einzel-Wertungen dieser Kategorie jeweils nur zweimal einen Punkt verdient.

Mit Blick auf die Einzel-Wertungen ist festzustellen, dass nahezu alle Unternehmen Defizite in der Kommunikation zur Vergütungsstruktur (siehe 6.4.2.2) aufweisen. Lediglich Bayer und BASF überzeugen an dieser Stelle mit der gebotenen Informationstiefe und geben auch die erforderlichen Auskünfte zur Managementvergütung, während 16 von 26 Berichten nicht einmal einen Punkt erreichen. Die gesellschaftliche und politische Diskussion über die Gehaltsstrukturen und insbesondere über die Angemessenheit von Managementvergütungen spiegelt sich in der allgemeinen Berichterstattung also überraschenderweise nicht wider, obwohl Offenheit in diesem Punkt ein besonderer Ausweis für gelebte Nachhaltigkeit wäre.

Im Teilbereich Arbeits- und Gesundheitsschutz (siehe 6.4.2.3) ist zu bemängeln, dass sehr viele Unternehmen auf die Veröffentlichung der Fehlquote durch Krankheit verzichten. Eine detaillierte Erläuterung sämtlicher Maßnahmen insbesondere zur Prävention ist zwar in etwa der Hälfte der Berichte zu finden; gleichwohl ist der glaubwürdigkeitssteigernde Effekt dieser Ausführungen begrenzt, da in den meisten Fällen keine Kennzahlen vorgelegt werden.

6.5.2.3 Auswertung der ökologischen Anforderungen

Während die Berichterstattung wie gezeigt wenig Sensibilität für die Diskussion über Vergütungsstrukturen beweist, werden die ökologischen Themen angemessen gewürdigt: Der durchschnittliche Erfüllungsgrad erreicht mit 49 Prozent den zweithöchsten Wert aller fünf Kategorien und zeugt davon, wie sehr Umwelt- und Klimaschutz mittlerweile in der Strategie der Unternehmen verankert sind.

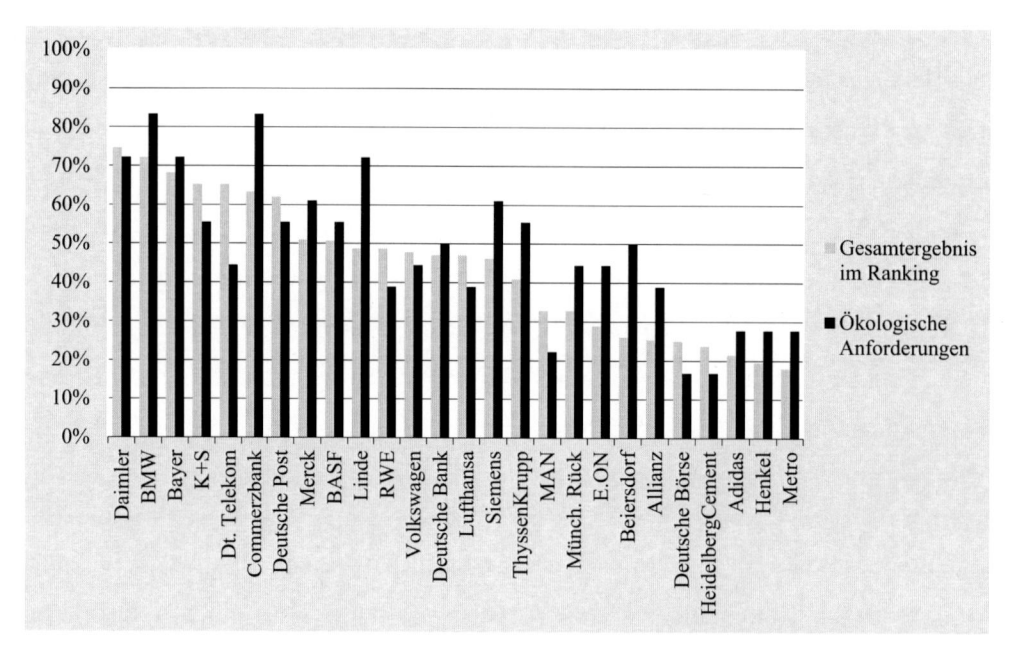

Abbildung 9: Erfüllungsgrad ökologische Anforderungen vs. Gesamtergebnis (eigene Darstellung)

Führend in dieser Kategorie sind die Commerzbank und BMW, dicht gefolgt von Linde, Daimler und Bayer. Dabei schneidet vor allem Linde hier signifikant besser ab als im Gesamt-Ranking; der Industriegashersteller scheint sich der aus seiner Geschäftstätigkeit resultierenden speziellen Verantwortung für Umwelt und Klima besonders bewusst zu sein.

Dass dies keine Selbstverständlichkeit darstellt, zeigen die Ergebnisse der Lufthansa sowie von E.ON und RWE, die ebenfalls in ökologisch höchst sensiblen Branchen tätig sind, beim Erfüllungsgrad in dieser Kategorie aber nur im Mittelfeld und (abgesehen von E.ON) sogar unter ihrem Erfüllungsgrad im Gesamt-Ranking liegen. Allerdings schneiden selbst diese Unternehmen noch besser ab als die Deutsche Börse und HeidelbergCement, die jeweils nur 17 Prozent der erzielbaren Punkte erhalten.

Bei den Einzeldisziplinen fällt auf, dass Energieeffizienz (siehe 6.4.3.2) in vielen Berichten einen hohen Stellenwert genießt; hier kommen 19 Unternehmen auf die volle Punktzahl. Genau gegenteilig verhält es sich bei der Kommunikation zum Papierverbrauch, für die 19 Unternehmen überhaupt keine Punkte erhalten. Bei diesem Aspekt besteht also Handlungsbedarf, wobei die Commerzbank und die Deutsche Post – bezeichnenderweise zwei Dienstleistungsunternehmen mit hohem Dokumentations- und Papieraufwand – die Richtung vorgeben.

Ebenfalls verbesserungsbedürftig sind die Ausführungen zum Abfallmanagement (siehe 6.4.3.3). Hier liefert mehr als die Hälfte der Unternehmen lediglich Kennzahlen zur Höhe und zur Verwertung des Abfalls, während die Suche nach generellen Maßnahmen zur Reduzierung des Abfallaufkommens zumeist vergebens ist.

6.5.2.4 Auswertung der gesellschaftlichen Anforderungen

Der durchschnittliche Erfüllungsgrad, der sich bei den gesellschaftlichen Kriterien auf 41 Prozent beläuft, täuscht über die große Spannweite der Ergebnisse in dieser aus drei Einzelwertungen bestehenden Kategorie hinweg: In keiner anderen Disziplin gibt es neben Unternehmen, die die volle Punktzahl erreichen, auch Nachhaltigkeitsberichte, die so weit unter den Anforderungen liegen, dass überhaupt keine Punkte vergeben werden können.

Die Führung teilen sich dabei die Deutschen Telekom, RWE und Lufthansa, wobei die beiden letztgenannten Unternehmen in der Gesamtwertung nur im Mittelfeld liegen, hier aber mit vorbildlicher Informationstiefe überzeugen. Ebenfalls deutlich besser als in den anderen Kategorien schneiden die Commerzbank und die Deutsche Bank sowie – allerdings auf deutlich ermäßigtem absolutem Niveau – die Deutsche

Börse ab. Dieses Ergebnis muss kein Zufall sein; denkbar wäre, dass die drei Finanzkonzerne ihr gesellschaftliches Engagement als Reaktion auf die seit 2008 anhaltende öffentliche Diskussion über das Geschäftsgebaren der Banken ganz bewusst sehr offensiv kommunizieren.

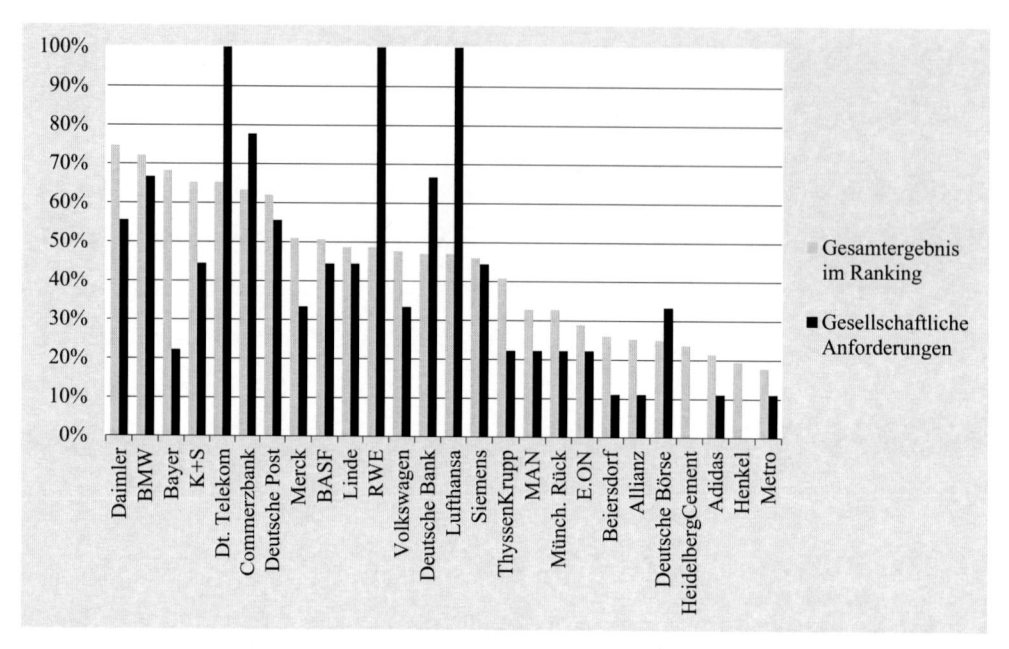

Abbildung 10: Erfüllungsgrad gesellschaftliche Anforderungen vs. Gesamtergebnis (eigene Darstellung)

Am anderen Ende der Skala liegen HeidelbergCement und Henkel mit null Punkten – ein Tiefpunkt, der in keiner anderen Kategorie erreicht wird. Darüber hinaus sollte auch Bayer als Dritter des Gesamtklassements seine Kommunikation in diesem Bereich überdenken: Der Erfüllungsgrad von gut 20 Prozent steht in einem krassen Missverhältnis zum Durchschnittswert, den der Chemiekonzern über alle Kategorien erreicht (68 Prozent). Letztendlich vergibt Bayer bei den gesellschaftlichen Anforderungen den Gesamtsieg; hätte das Unternehmen bei Corporate Giving und Corporate Sponsoring nicht nur je einen Punkt erreicht, sondern mit ausreichend fundierter Information die Maximalanforderungen erfüllt, läge es im Gesamt-Ranking punktgleich mit Daimler auf Platz eins.

Von den Einzeldisziplinen her zerfällt der Bereich der gesellschaftlichen Anforderungen in zwei Teile: Während über Corporate Giving (siehe 6.4.4.1) insgesamt sehr detailliert berichtet wird und nur zwei Unternehmen auf eine Vorstellung ihrer Spenden-Projekte verzichten, kommen Corporate Sponsoring (siehe 6.4.4.2) und

Corporate Volunteering (siehe 6.4.4.3) in den meisten Berichten zu kurz – mit insgesamt 23 bzw. 24 vergebenen Punkten erreichen diese beiden Themen lediglich die Hälfte der Punkte, die im Segment Corporate Giving verteilt werden konnten.

6.5.2.5 Auswertung der qualitativen Anforderungen

Da die qualitativen Anforderungen in hohem Maße auf formale Aspekte abzielen, hätte man durchaus von einem überdurchschnittlichen Erfüllungsgrad ausgehen können. Überraschenderweise erreichen die untersuchten Unternehmen jedoch nur einen Wert von 37 Prozent; nur bei den sozialen Kriterien (siehe 6.5.2.2) fällt die Quote noch schlechter aus.

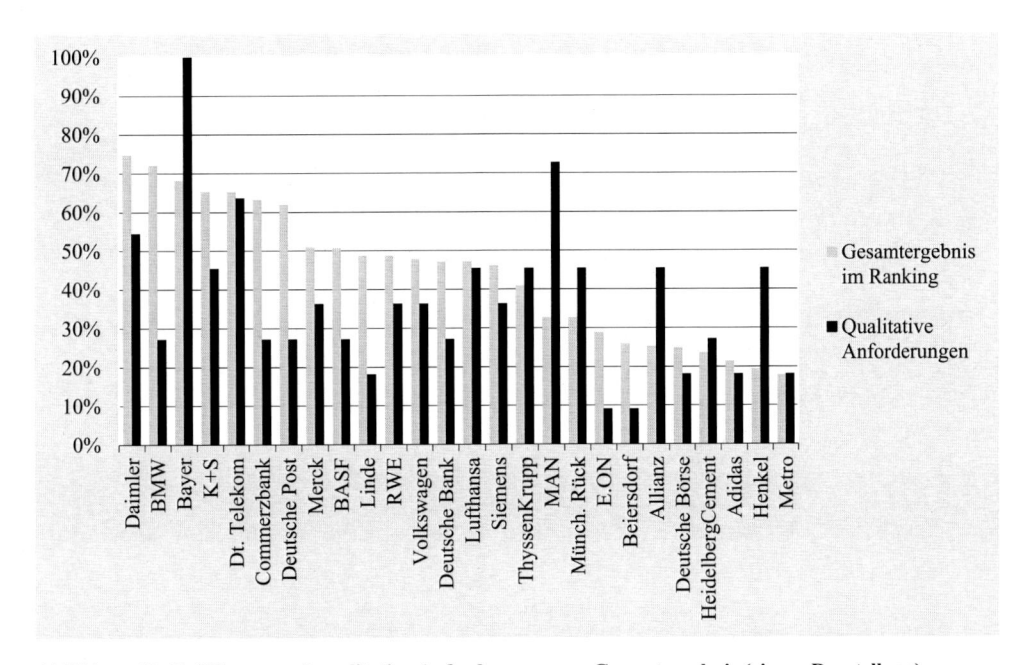

Abbildung 11: Erfüllungsgrad qualitative Anforderungen vs. Gesamtergebnis (eigene Darstellung)

Ausweislich der vorstehenden Grafik erreicht nur Bayer die volle Punktzahl, dahinter folgen mit deutlichem Abstand MAN sowie – als einzige Unternehmen, die ebenfalls mehr als die Hälfte der in dieser Kategorie vergebenen Punkte erringen – die Deutsche Telekom und Daimler. Auffällig ist, dass die Leistung bei den qualitativen Kriterien mehrfach in einem signifikanten Missverhältnis zum Erfüllungsgrad im Gesamt-Ranking steht: BMW, Commerzbank, Deutsche Post und Line schneiden deutlich schlechter ab als im Gesamtklassement, während Münchener Rück, Allianz und Henkel sich überproportional gut präsentieren. Schlusslichter dieser Kategorie sind E.ON und Beiersdorf; beide Unternehmen erfüllen die qualitativen Anforderungen zu nicht einmal zehn Prozent.

Hauptgrund dafür, dass die meisten Berichte in dieser Kategorie kein zufriedenstellendes Niveau erreichen, ist der Aspekt Glaubwürdigkeit (siehe 6.4.5.1). Mit Bayer, MAN und Volkswagen erfüllen lediglich drei Unternehmen alle Anforderungen; die übrigen DAX-Konzerne erhalten vor allem deshalb nicht die volle Punktzahl, weil es an einer transparenten Kommunikation in Bezug auf Erfolge und Misserfolge mangelt. Optimierungsbedarf besteht außerdem bei der Verständlichkeit der Berichte, denn obwohl die meisten Dokumente eine Vielzahl von Fremdwörtern bzw. fachspezifischen Formulierungen enthalten, verwenden nur neun Unternehmen ein Glossar.

Positiv fällt dagegen auf, dass knapp drei Viertel aller Unternehmen ihren Nachhaltigkeitsbericht im Rahmen des Internet-Auftritts dermaßen prominent platzieren, dass das Dokument von der Startseite aus mit maximal drei Klicks zu erreichen ist.

6.5.3 Einzelauswertung der Platzierungen 1 bis 3

6.5.3.1 Daimler AG

Die Daimler AG zählt zu den erfolgreichsten Automobilunternehmen der Welt.[127] Das schwäbische Unternehmen erzielt mit seinem 2011 veröffentlichten Nachhaltigkeitsbericht „360 GRAD – Fakten zur Nachhaltigkeit" 1.150 von möglichen 1.540 Punkten und stellt damit den besten Bericht.

In knapp zwei Dritteln der Einzelwertungen wird die Maximalpunktzahl erreicht, wobei Daimler vor allem bei den allgemeinen Anforderungen Maßstäbe setzt. Das Unternehmen präsentiert seinen Lesern sehr ausführlich das innere Verständnis zur Nachhaltigkeit im Unternehmen und schafft damit einen Einstieg in die weiteren Themen. Die Nachhaltigkeitsstrategie sowie die daraus abgeleiteten Zielvereinbarungen werden schlüssig und stringent erläutert.

---

[127] Vgl. http://www.daimler.com/dccom/0-5-1259480-49-1224418-1-0-0-0-0-0-36-7145-0-0-0-0-0-0-0.html, Abruf am 14.01.2012.

Im sozialen Bereich ist der Arbeits- und Gesundheitsschutz besonders hervorzuheben. Hier informiert der Automobilkonzern sehr umfassend über die Maßnahmen zur Gesundheitsförderung und belegt diese auch mit Kennzahlen. Verbesserungswürdig ist an dieser Stelle die Offenheit in Bezug auf das Vergütungsmanagement; speziell über die Vergütung der Managementebene wird nicht ausreichend informiert.

Auch die ökologischen Anforderungen erfüllt Daimler in seinem Bericht weitestgehend vorbildlich. Wünschenswert wären lediglich eine transparentere Kommunikation zur Abfallverwertung sowie explizite Angaben zu Papierverbrauch und -reduktion.

Gesellschaftliche Verantwortung stellt ein wichtiges Thema von Daimler dar, es wird ausführlich über Spenden-, Sponsoring- und Volunteering-Projekte berichtet. Für eine bessere Nachvollziehbarkeit wäre die Veröffentlichung der finanziellen Aufwendungen für diese Projekte zu empfehlen.

Insgesamt ist der Bericht sehr übersichtlich und klar strukturiert. Um die Übersichtlichkeit gewährleisten zu können, wird im Bericht auf externe Zusatzinformationen zu vielen Themen verwiesen. Programmierte Verlinkungen sowie ein Glossar würden den Umgang mit dem Bericht allerdings zusätzlich erleichtern.

6.5.3.2 BMW AG

Die BMW AG zählt wie die erstplatzierte Daimler AG zu den erfolgreichsten Automobilherstellern der Welt.[128] Der „Sustainable Value Report" der BMW Group belegt mit 1.100 erreichten Punkten nur knapp den zweiten Platz des Rankings. Der Bericht erfüllt die Anforderungen zu weiten Teilen.

Im allgemeinen Bereich bewegt sich BMW mit einem Erfüllungsgrad von ca. 60 Prozent nur auf durchschnittlichem Niveau. Bei den sozialen Kriterien sind Stärken und Schwächen des Nachhaltigkeitsberichts ähnlich gelagert wie bei Daimler AG: Auch BMW wäre gut beraten, die Vergütungsstruktur im Unternehmen offener und detaillierter darzustellen.

---

[128] Vgl. Nachhaltigkeitsbericht BMW Seite 2.

Besonders erwähnenswert ist die 83-prozentige Zielerreichung bei den ökologischen Kriterien. Das Unternehmen berichtet sehr umfassend über alle ökologischen Aktivitäten. Als verbesserungswürdig ist lediglich der Umgang mit der Ressource Papier zu erwähnen.

Im gesellschaftlichen Bereich zeigt sich BMW sehr auskunftsfreudig, erläutert ausführlich die einzelnen Spenden- und Sponsoring-Projekte und liefert dem Leser zudem noch die Höhe der Aufwendungen für diese Projekte. Zum Thema Corporate Volunteering sind im „Sustainable Value Report" keine Angaben zu finden.

Mit Blick auf die qualitativen Aspekte des Nachhaltigkeitsberichts besteht zudem ein signifikanter Optimierungsbedarf in allen Teilbereichen.

6.5.3.3 Bayer AG

Die Bayer AG ist ein global agierendes Unternehmen der chemischen Industrie mit den Schwerpunkten Gesundheit, Ernährung und hochwertige Materialien.[129] Der Nachhaltigkeitsbericht von Bayer belegt mit 1.050 Punkten bzw. einem Erfüllungsgrad von 68 Prozent den dritten Platz im Ranking.

Der Bericht ist sehr strukturiert aufgebaut und vor allem durch die retrospektive Betrachtung der in den Vorjahren definierten Ziele sehr glaubwürdig. Deshalb ist an dieser Stelle auch zu erwähnen, dass der Nachhaltigkeitsbericht des Chemiekonzerns aufgrund einer 100-prozentigen Erfüllung der entsprechenden Anforderungen alleiniger Spitzenreiter in puncto Qualität ist.

Der allgemeine Teil des Berichts ist überdurchschnittlich ausführlich und bietet dem Leser einen direkten Einstieg in die folgenden Nachhaltigkeitsthemen des Unternehmens.

Sowohl die sozialen als auch die ökologischen Anforderungen werden zu knapp zwei Drittel erfüllt. Besonders hervorzuheben ist die Offenheit im Hinblick auf das Vergütungssystem des Unternehmens: Bayer ist nur eins von zwei Unternehmen, das im veröffentlichten Bericht detailliert über die generelle Vergütung sowie im

---

[129] Vgl. http://www.bayer.de/de/Profil-und-Organisation.aspx, Abruf am Stand: 14.01.2011.

Speziellen die Vorstandsvergütung informiert. Um dem Leser noch bessere Einblicke im Hinblick auf die Aus- und Weiterbildung im Unternehmen zu geben, wären Entwicklungskennzahlen wünschenswert.

Des Weiteren geht das Unternehmen bei der Energieeffizienz zu wenig auf Maßnahmen und Lösungsvorschläge ein. Positiv zu registrieren sind derweil die Informationen zum Abfallmanagement. Bayer führt nicht nur sämtliche Kennzahlen zu gefährlichem und nicht gefährlichem Abfall auf, sondern berichtet auch ausführlich über Maßnahmen zur Reduktion und Wiederverwertung des Abfalls.

Signifikanter Verbesserungsbedarf besteht bei der Kommunikation der gesellschaftlichen Verantwortung. Hier nennt das Chemieunternehmen lediglich Spenden- und Sponsoring-Projekte; durch fehlende finanzielle Kennzahlen mangelt es an Transparenz. Corporate Volunteering ist wie beim Zweitplatzierten (BMW) kein Thema im aktuellen Nachhaltigkeitsbericht.

6.5.4 Einzelauswertungen der Platzierungen 25 bis 27

6.5.4.1 Metro AG

Die Metro Group mit der Metro AG an der Spitze definiert sich als eines der bedeutendsten Handelsunternehmen der Welt.[130] Der von dem Unternehmen veröffentlichte Bericht „Nachhaltigkeit.Fortschrittsbericht. – Kennzahlen und Ziele" belegt im Ranking den letzten Platz mit 275 von möglichen 1.540 Punkten.

Im Bericht fehlt nicht nur die generelle Vorstellung des Unternehmens, sondern auch die Erklärung zum Nachhaltigkeitsmanagement. Die damit verbundene Nachhaltigkeitsstrategie ist kein Bestandteil des Berichts. Zu sozialen und ökologischen Themen findet der Leser lediglich ein paar Kennzahlen ohne dazugehörige Erläuterung.

Mit einer Zielerreichung von elf Prozent im sozialen Segment liegt das Unternehmen deutlich unter der durchschnittlichen Zielerreichung der sozialen Anforderungen von 32 Prozent. So ist es nicht verwunderlich, dass der Bericht auch die qualitativen

---

[130] Vgl. http://www.metrogroup.de/internet/site/metrogroup/node/9280/Lde/index.html, Abruf am 14.01.2012.

Anforderungen nur zu einem geringen Teil erfüllt und aus der Perspektive des Lesers weder anschaulich und verständlich noch glaubwürdig erscheint.

6.5.4.2 Henkel AG & Co. KGaA

Die Henkel AG & Co. KGaA ist ein weltweit agierendes Industrieunternehmen mit den Schwerpunkten Wasch- und Reinigungsmittel, Kosmetik und Körperpflege sowie Klebstoff-Technologien.[131] Der Nachhaltigkeitsbericht von Henkel belegt mit 300 erreichten Punkten knapp den 26. Platz vor Metro.

Das Unternehmen liefert wie der Letztplatzierte keine Einführung in das Nachhaltigkeitsthema und stellt aus Unternehmenssicht lediglich seine Stakeholder und den mit den Anspruchsgruppen geführten Dialog dar.

Im sozialen Bereich erfüllt der Bericht die Anforderungen nur zu elf Prozent, da auch hier nur Kennzahlen zum Arbeits- und Gesundheitsschutz sowie zur Chancengleichheit aufgeführt werden. Die ökologischen Anforderungen werden dahingehend erfüllt, dass der Bericht zu nahezu jedem ökologischen Thema Kennzahlen für den Leser bereitstellt. Allerdings werden diese nicht bzw. nicht ausreichend präzisiert und kommentiert.

Mit null Punkten weist der Konsumgüterhersteller zudem das schlechteste Ergebnis im gesellschaftlichen Segment auf. Die qualitativen Anforderungen erfüllt das Unternehmen mit 45 Prozent und liegt damit leicht über dem durchschnittlichen Ergebnis dieser Kategorie.

6.5.4.3 adidas AG

Die adidas AG zählt zu den führenden Unternehmen der internationalen Sportartikelindustrie.[132] Das Unternehmen belegt mit 330 erreichten Punkten den 24. Platz im Ranking und ist damit unter den letzten drei Rängen einzuordnen.
Die Suche nach einem generellen Überblick zum Unternehmen und den einzelnen Unternehmensbereichen ist vergebens. Jedoch bietet adidas den Lesern des Berichts

---

[131] Vgl. http://www.henkel.de/ueber-henkel.htm, Abruf am 14.01.2012
[132] Vgl. http://www.adidas-group.com/de/ourgroup/our_business/default.aspx, Abruf am 14.01.2012

zumindest eine grobe Übersicht zum unternehmenseigenen Verständnis von Nachhaltigkeit.

Mit einer Erfüllung von elf Prozent der sozialen Anforderungen ist auch der Sportartikelhersteller ungenügend aufgestellt. Die ökologischen Parameter sind wie bei den Letztplatzierten lediglich über Kennzahlen definiert und daher nicht nachvollziehbar für den Leser.

Genau umgekehrt verhält es sich im gesellschaftlichen Bereich, in dem Spendenprojekte nur genannt, aber nicht mit Zahlen belegt werden. Die qualitativen Anforderungen werden zwar teilweise erfüllt, jedoch liegt der Erfüllungsgrad mit 18 Prozent weit unter dem Durchschnitt von 37 Prozent.

7. Zusammenfassung

Darüber, ob es in einer konsequent auf Wachstum ausgerichteten Wirtschaftsordnung überhaupt Unternehmen geben kann, deren Handeln ausnahmslos mit strengen Nachhaltigkeitskriterien vereinbar ist, lässt sich trefflich streiten. Außer Zweifel steht jedoch, dass bereits die partielle Integration nachhaltiger Gedanken in unternehmerische Prozesse ein Schritt in die richtige Richtung ist: „Der Weg ist das Ziel."

Im Sinne dieses Konfuzius zugeschriebenen Ausspruchs ist die im DAX versammelte Elite der deutschen Wirtschaft bereits ein gutes Stück vorangekommen. Immerhin 26 von 30 im Leitindex der Frankfurter Börse versammelten Unternehmen bekennen sich dergestalt zu nachhaltigem Handeln, dass sie über ihre diesbezüglichen Strategien, Maßnahmen, Erfolge – und teilweise auch Misserfolge – im Rahmen von gedruckten oder als PDF-Dokument verfügbaren Nachhaltigkeitsberichten Rechenschaft ablegen.

Allerdings läuft die Qualität dieser Berichte deutlich stärker auseinander als dies etwa bei – rein ökonomisch motivierten – Geschäftsberichten der Fall ist. Das im Rahmen dieser Studie evaluierte Ranking veranschaulicht die Spannweite: Während die besten Berichte mit fundierten Auskünften und anschaulicher Präsentation überzeugen und auf diese Weise die Anforderungen immerhin zu mindestens drei Vierteln erfüllen, publizieren manche Konzerne eine Art Alibi-Reporting und kommen deshalb nicht einmal auf ein Fünftel der zu vergebenen Punkte.

Insgesamt besteht bei knapp 20 von 26 untersuchten Berichten erhöhter Optimierungsbedarf und selbst die im Ranking ganz vorne platzierten Unternehmen könnten sich noch substantiell verbessern. Die „360 Grad"-Perspektive, mit der die erstplatzierte Daimler AG im Titel ihres Berichts kokettiert, wird bislang auch nicht annähernd erreicht – dafür ist die Bereitschaft zur Transparenz oftmals gerade bei den Aspekten, für die ein Unternehmen aufgrund seines Geschäftsmodells nur mühsam Fortschritte zeigen kann, zu gering.

Dabei dürfte sich eine ehrliche Informationspolitik, die nicht entweder auf singuläre Daten oder auf visionäre Texte setzt, sondern für alle Facetten des Nachhaltigkeitsgedankens aussagekräftige Kennzahlen mit schlüssigen Kommentaren verbindet, aus Unternehmenssicht durchaus lohnen. Denn der Verbraucher mag zwar derzeit noch keine allzu präzise Vorstellung von Nachhaltigkeit insgesamt haben, nimmt aber sehr wohl bestimmte Teilbereiche des Themas wahr und lässt diese in seine Kaufentscheidung einfließen.

Traditionell stark beachtet werden ökologische Aspekte mit konkretem Produktbezug – etwa bei der Wahl des Energieversorgers oder beim Autokauf. Die aktuelle Diskussion über die gesellschaftliche Verantwortung von Banken und Versicherungen zeigt jedoch, dass die Sensibilität für nachhaltiges bzw. nicht nachhaltiges Agieren von Unternehmen durchaus auch eine Meta-Ebene erreichen kann, auf der es völlig unabhängig von einzelnen Produkten darum geht, wie nachhaltig ein Unternehmen bzw. eine Marke positioniert ist.

Wer den Nachhaltigkeitsgedanken – dies ist die notwendige Bedingung – sukzessive in seine Geschäftstätigkeit implementiert und die entsprechenden Maßnahmen getreu dem Motto „Tu Gutes und rede darüber" intelligent kommuniziert, kann sich mithin signifikante Wettbewerbsvorteile erarbeiten. Dabei ist der mit qualitativ hochwertiger Nachhaltigkeitsberichterstattung erzielbare Vertrauensgewinn nicht nur auf den Verbraucher beschränkt; ebenso relevant ist die Strahlwirkung im Hinblick auf Investoren und den Gesetzgeber.

Literaturverzeichnis

Arnold, J. (2011): Die Kommunikation gesellschaftlicher Verantwortung am nachhaltigen Kapitalmarkt – Konzeptuelle Grundlegung eines kommunikativen Handlungsfeldes der Kapitalmarktkommunikation, Diss., Wiesbaden 2011

Auswärtiges Amt (1966): Internationaler Pakt über wirtschaftliche, soziale und kulturelle Rechte. URL: http://www.auswaertigesamt.de/cae/servlet/contentblob/360806/publicationFile/3618/IntSozialpakt.pdf, Abruf am 20.12.2011.

Backhaus, N., Danielli, G., Laube, P. (2009): Wirtschaftsgeografie und globalisierter Lebensraum, 3. Auflage, Zürich 2009

Bader, I. (2010): Corporate Social Responsibility Reporting – Berichterstattungspraktiken in Österreich, Deutschland, Schweden und Spanien, Hamburg 2010

Bayley, A., Strange, T. (2008): Nachhaltige Entwicklung – Wirtschaft, Gesellschaft, Umwelt im Zusammenhang betrachtet, Paris 2008

Behnam, M., Gilbert, D. U., Kreikebaum, H. (2001): Management ethischer Konflikte in international tätigen Unternehmen, Wiesbaden 2001

Berndt, R. (2005): Marketingstrategie und Marketingpolitik, 4. Auflage, Heidelberg 2005

Biendarra, I., Weeren, M. (2009): Gesundheit – Gesundheiten? Eine Orientierungshilfe, Würzburg 2009

Blätte, A., Herz, D. (2000): Simulation und Planspiel in den Sozialwissenschaften – Eine Bestandsaufnahme der internationalen Diskussion, Münster 2000

Bontrup, H.-J. (2008): Lohn und Gewinn – Volks- und betriebswirtschaftliche Grundzüge, 2. Auflage, München 2008

Breidenbach, R. (2002): Umweltschutz in der betrieblichen Praxis – Erfolgsfaktoren zukunftsorientierten Umweltmanagements, 2. Auflage, Wiesbaden 2002

Bruhn, M. (2005): Unternehmens- und Marketingkommunikation – Handbuch für ein integriertes Kommunikationsmanagement, München 2005

Bundesministerium für Umwelt, Naturschutz und Reaktorsicherheit (2011): Kurzinfo Energieeffizienz. URL:
http://www.bmu.de/energieeffizienz/kurzinfo/doc/37891.php, Abruf am 05.12.2011.

Bundesministerium für Umwelt, Naturschutz und Reaktorsicherheit (2011): Nachhaltigkeitsberichterstattung. URL:
http://www.bmu.de/files/pdfs/allgemein/application/pdf/broschuere_csr_nachhaltigkeitsberichterstattung.pdf, Abruf am 30.11.2011.

Bundesministerium für wirtschaftliche Zusammenarbeit und Entwicklung (2011): Der UN Global Compact. URL:
http://www.unglobalcompact.org/docs/languages/german/de-factsheet-global-compact.pdf, Abruf am 21.12.2011.

Burschel, C., Losen, D., Wiendl, A. (2004): Betriebswirtschaftslehre der Nachhaltigen Unternehmung, München 2004

Carlowitz, v. C. (1713): Sylvicultura oeconomica, 1713

Die Bundesregierung (2002): Perspektiven für Deutschland, S. 92-130

Die Bundesregierung (2011): Die Europäische Nachhaltigkeitsstrategie. URL:
http://www.bundesregierung.de/Content/DE/StatischeSeiten/Breg/ThemenAZ/nachhaltigkeit-2006-07-27-die-europaeische-nachhaltigkeitsstrategie.html, Abruf am 29.10.2011.

Deutsche Börse (2010): DAX Factsheet. URL:
http://daxindices.com/DE/MediaLibrary/Document/FS%20DAX%20Deutsch%2006_2010.pdf, Abruf am 26.10.2011.

Doleschal, M. (2008): Entwicklung eines Immobilienrating-Systems – Anwendung bei Hotelimmobilien, Diss., Norderstedt 2008

Drumm, H. J. (2005): Personalwirtschaft, 5. Auflage, Wiesbaden 2005

Dubielzig, F. (2009): Sozio-Controlling im Unternehmen – Das Management erfolgsrelevanter sozial-gesellschaftlicher Themen in de Praxis, Diss., Wiesbaden 2009

Duden (2011): Nachhaltigkeit. URL: http://www.duden.de/rechtschreibung/Nachhaltigkeit, Abruf am 26.10.2011.

Europäische Union (2011): Strategie zur nachhaltigen Entwicklung. URL: http://europa.eu/legislation_summaries/environment/sustainable_development/l28117_de.htm, Abruf am 29.10.2011.

European Union Law (1997): Konsolidierte Fassung des Vertrags zur Gründung der Europäischen Gemeinschaft. URL: http://eur-lex.europa.eu/de/treaties/dat/11997E/htm/11997E.html#0173010078, Abruf am 29.10.2011.

Fröhlich, E., Weber, T., Willers, C. (2011): Nachhaltigkeit in der unternehmerischen Supply Chain, Berlin 2010

Fueglistaller, U., Müller, C., Volery, T. (2008): Entrepreneurship: Modelle – Umsetzung – Perspektiven, 2. Auflage, Wiesbaden 2008

Fundraising Akademie (2008): Fundraising – Handbuch für Grundlagen, Strategien und Methoden, 4. Auflage, Wiesbaden 2008

Gehne, K. (2011): Nachhaltige Entwicklung als Rechtsprinzip, Tübingen 2011

Gelbrich, K., Müller, S. (2011): Handbuch Internationales Management, München 2011

Geßner, C. (2007): Unternehmerische Nachhaltigkeitsstrategien, Diss., Frankfurt am Main 2008

Geyer, C., Uttner, V. (2007): Praxishandbuch Börsentermingeschäfte – Erfolgreich mit Optionen, Optionsscheinen und Futures, Wiesbaden 2007

Global Reporting Initiative (2011): Application Level. URL: https://www.globalreporting.org/resourcelibrary/German-Application-Level-Table.pdf, Abruf am 20.12.2011.

Global Reporting Initiative (2011): Nachhaltigkeitsberichterstattung – Anwendungsebenen GRI. URL: https://www.globalreporting.org/languages/german/Pages/Nachhaltigkeitsberichterstattung.aspx, Abruf am 20.12.2011.

Gminder, C. U. (2006): Nachhaltigkeitsstrategien systemisch umsetzen – Exploration der Organisationsaufstellung als Managementmethode, Diss., Wiesbaden 2006

Grunwald, A., Kopfmüller, J. (2006): Nachhaltigkeit, Frankfurt am Main 2006

Hardtke, A., Prehn, M. (2001): Perspektiven der Nachhaltigkeit – Vom Leitbild zur Erfolgsstrategie, Wiesbaden 2001

Herrmann, C. (2010): Ganzheitliches Life Cycle Management – Nachhaltigkeit und Lebenszyklusorientierung in Unternehmen, Heidelberg 2010

IÖW (2011): Der Nachhaltigkeitsbericht. URL: http://www.nachhaltigkeitsberichte.net/img_neu/NachhBer.pdf, Abruf am 30.11.2011.

Isenmann, R., Marx Gómez, J. (2008): Internetbasierte Nachhaltigkeitsberichterstattung – Maßgeschneiderte Stakeholder-Kommunikation mit IT, Berlin 2008

Jarolimek, S., Raupp, J., Schultz, F. (2011): Handbuch CSR – Kommunikationswissenschaftliche Grundlagen, disziplinäre Zugänge und methodische Herausforderungen, Wiesbaden 2011

Jonker, J., Stark, W., Tewes, S. (2011): Corporate Social Responsibility und nachhaltige Entwicklung – Einführung, Strategie und Glossar, Wiesbaden 2011

Kirchhoff, K. R., Piwinger, M. (2009): Praxishandbuch Investor Relations – Das Standardwerk der Finanzkommunikation, 2. Auflage, Wiesbaden 2009

Koplin, J. (2006): Nachhaltigkeit im Beschaffungsmanagement – Ein Konzept zur Integration von Umwelt- und Sozialstandards, Diss., Wiesbaden 2006

Köhler, M. M., Schuster, C. H. (2006): Handbuch Regierungs-PR: Öffentlichkeitsarbeit von Bundesregierungen und deren Beratern, Wiesbaden 2006

Krinn, H., Meinholz, H. (1997): Einführung eines Umweltmanagementsystems in kleinen und mittleren Unternehmen, Heidelberg 1997

Lackmann, J. (2010): Die Auswirkungen der Nachhaltigkeitsberichterstattung auf den Kapitalmarkt – Eine empirische Analyse, Diss., Wiesbaden 2010

Lanfermann, B. (1998): Transparenz durch Ratings? Unternehmens- und Produktratings deutscher Nicht-Lebensversicherer, Karlsruhe 1998

Lederer, K., Sandberg, B. (2011): Corporate Social Responsibility in kommunalen Unternehmen – Wirtschaftliche Betätigung zwischen öffentlichem Auftrag und gesellschaftlicher Verantwortung, Wiesbaden 2011

Lexikon der Nachhaltigkeit (2011): Nationale Nachhaltigkeitsstrategie. URL: http://www.nachhaltigkeit.info/artikel/nachhaltigkeitsstrategie_1374.htm, Abruf am 29.10.2011.

Lexikon der Nachhaltigkeit (2011): Umweltbericht und Umwelterklärung. URL: http://www.nachhaltigkeit.info/artikel/umweltbericht_1032.htm, Abruf am 29.11.2011.

Mast, C. (2006): Unternehmenskommunikation, 2. Auflage, Stuttgart 2006

Müller-Christ, G., Rehm, A. (2010): Nachhaltigkeit und Management – Der Gabentausch als Ausweg aus der Verantwortungsfalle, Berlin 2010

Oberdörster, T. (2009): Finanzberichterstattung und Prognosefehler von Finanzanalysten, Diss., Wiesbaden 2009

Omtec (2006): Leitfaden zur Nachhaltigkeitsberichterstattung. URL: http://www.omtec.at/sites/omt/uploads/14gri_Leitfaden.pdf, Abruf am 30.11.2011.

Preusse, J., Röttger, U., Schmitt, J. (2011): Grundlagen der Public Relations – Eine kommunikationswissenschaftliche Einführung, Wiesbaden 2011

Prexl, A. (2010): Nachhaltigkeit kommunizieren – nachhaltig kommunizieren, Analyse des Potenzials der Public Relations für eine nachhaltige Unternehmens- und Gesellschaftsentwicklung, Diss., Wiesbaden 2010

Rautenstrauch, C. (1999): Betriebliche Umweltinformationssysteme: Grundlagen, Konzepte und Systeme, Heidelberg 1999

Reiche, D. (2005): Grundlagen der Energiepolitik, Frankfurt am Main 2005

Sausele-Bayer, I. (2011): Personalentwicklung als pädagogische Praxis, Wiesbaden 2011

Schlierer, H.-J. (2004): Kulturspezifische Stilmerkmale deutscher und französischer Geschäftsberichte, St. Ingbert 2004

Schmid, S. (2009): Management der Internationalisierung, Wiesbaden 2009

Seemann, R. (2008): Corporate Reputation Management durch Corporate Communications, Diss., Göttingen 2008

Steffens, B. (2011): Nachhaltigkeit bei Konsumenten und Unternehmen auf dem Vormarsch. URL:
http://www.greenpeace.de/themen/meere/fischerei/artikel/nachhaltigkeit_bei_konsumenten_und_unternehmen_auf_dem_vormarsch/, Abruf am 15.12.2011.

Stock-Homburg, R. (2007): Der Zusammenhang zwischen Mitarbeiter- und Kundenzufriedenheit – Direkte, indirekte und moderierende Effekte, 3. Auflage, Wiesbaden 2007

Vaupel, M., Wilhelmi, D. (2007): Unentdeckte Chancen – Rohstoffe und Emerging Markets von morgen, 2. Auflage, München 2007

Verbraucher konkret (2/2011): Umfrage Nachhaltigkeit. URL: http://www.verbraucher.org/pdf/295.pdf, Abruf am 26.10.2011.

Walter, B. L. (2010): Verantwortliche Unternehmensführung überzeugend kommunizieren – Strategien für mehr Transparenz und Glaubwürdigkeit, Wiesbaden 2010

Wanzel, C. (2010): Handbuch der Entwicklung, Norderstedt 2010

Weber, M. (2006): Schnelleinstieg Kennzahlen, München 2006

WEKA Media (2004): Umweltmanagementsysteme, Kissing 2004

Wiesmeth, H. (2003): Umweltökonomie – Theorie und Praxis im Gleichgewicht, Heidelberg 2003

Zerfaß, A. (2004): Unternehmensführung und Öffentlichkeitsarbeit – Grundlegung einer Theorie der Unternehmenskommunikation und Public Relations, 2. Auflage, Wiesbaden 2004